이 책의 완성자는
소중한 내 아가에게
좋은 부모가 되고픈

＿＿＿＿＿님입니다.

엄마랑 아이 좋아

마음이와 함께 떠나는 40주 태교명상 여행

글 덕원스님   그림 박혜상

불교신문사

책 순서

태교명상집 활용법 __ 06

세 가지 고귀함에 귀의하다 __ 10
임산부를 위한 열 가지 약속 __ 12
아가와 첫 인연, 태명 소개하기 __ 14
모두의 행복을 위한 기도 행복경 __ 16
편안한 마음을 위한 자애경 __ 20

마음이를 위한 행복한 기도 __ 22
마음이에게 보내는 엄마의 마음편지 __ 24
진언I, 귀한 인연을 초대하다 __ 27

1주 "나는 행복합니다" __ 29
　　팔정도 생활명상 미션
　　　⋮
10주 "잠깐 멈춰보세요" __ 83
　　팔정도 생활명상 미션
　　　⋮
20주 "쿨한 마음을 연습해 보세요" __ 144
　　팔정도 생활명상 미션
　　　⋮
30주 "식탁 위에서 감사의 명상을" __ 206
　　팔정도 생활명상 미션
　　　⋮
40주 "소중한 생명 맞이할 행복한 순간" __ 268
　　팔정도 생활명상 미션
　　　⋮

매주 마지막 장에는,
엄마와 아빠가 우리 아기에게 보내는
마음편지 공간을 마련해 두었습니다.

소중한 아가야, 곧 만나자 __ 276
붓다의 탄생선언 __ 278

연꽃으로 피어난 마음이를 위한 기도 __ 280
진언Ⅱ, 인연과 함께하다 __ 283
엄마와 아빠의 행복 선언문 __ 284

작가 소개 __ 286

세상의 모든 생명은
봄에 피어나는 여린 꽃처럼 아름답게 피어납니다.
생명이 아름답고, 향기롭게 피어나기 위해서는
기다림이 필요합니다.
움트는 한 송이 꽃을 피우기 위해
겨울의 아픔을 이겨낸 것처럼
당신도 잘 할 수 있습니다.
세상에 아름다움을 꽃피울 당신은
정말 고귀한 존재입니다.

_____ 에게 드립니다.

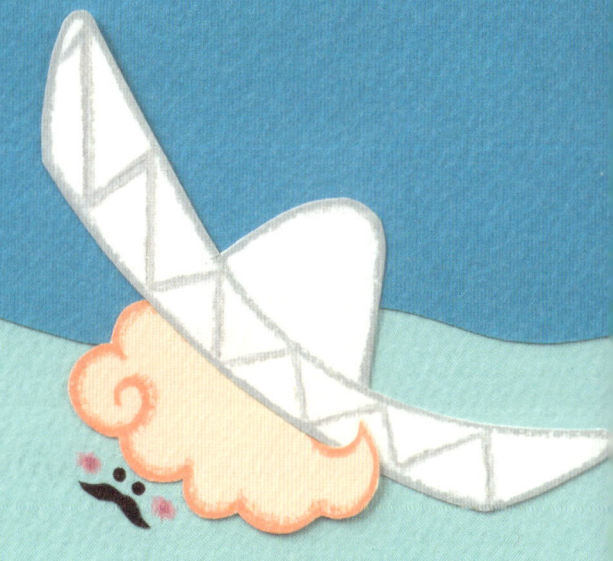

태교명상집 활용법

이 책의 주인공은 '마음이'입니다.
마음이는 엄마 뱃속에 잉태한 어린 생명을 칭하는 가상의 이름입니다.
이 책은 훗날 귀한 생명을 품게 될 세상의 모든 엄마 아빠를 위한 책입니다.

고귀한 인연을 만난다는 것은 설레이는 선물입니다.
아이를 갖기를 원하거나, 아이가 뱃속에 생겼을 때 아이와 함께하는 행복한 태교가 무엇일까 갈망하게 됩니다.
엄마와 아빠는 간절한 마음으로 새로운 세상을 만나게 될 아이의 건강을 위해 기도합니다.

이 책에서 안내하는 순서대로 날마다 마음을 담아 기도와 명상을 실천해 보세요.
그렇다면 뱃속 아기는 물론 엄마와 아빠 그리고 온 가족이 평화롭고 행복한 태교여행을 경험할 수 있을 것입니다.
자 그럼 태교여행, 출발해 볼까요?

기도명상과 생활명상 미션, 팔정도(八正道)

우선 기도명상과 생활명상 미션, 팔정도(八正道) 진리의 말씀 명상으로 여행 지도를 나누었습니다.

우선 기도명상은 하루에 두 번 씩 아침저녁으로 하는 기도입니다.

아침기도는 삼귀의를 하고 임산부 10가지 약속을 기억하고 실천합니다.

<행복경>을 읽고 마음이를 위한 행복한 기도를
한 후 진언(I)을 외웁니다.
마음이가 따뜻함을 느낄 수 있도록
다정한 음성으로 읽으며 기도하면 더욱 좋습니다.

저녁기도 역시 삼귀의를 하고 임산부 10가지
약속을 기억하고 실천합니다.
저녁에는 <자애경>을 읽고 마음이를 위한 행복
한 기도를 한 후 진언(I)을 외웁니다.

기도명상에 이어 40주 동안 일주일에 한 번씩
주어지는 생활명상 미션을 일주일 안에
실천하도록 노력해 봅니다.
그리고 팔정도 진리의 말씀 명상은 여유로운
마음으로 음미해 봅니다. 일주일 동안 주어지는
명상 미션과 진리의 말씀 내용으로 날마다
명상을 한다면 편안한 행복감을 느낄 수 있습니다.

일반적으로 태아는 엄마 뱃속에서 38주 정도
살다가 비로소 세상에 나옵니다. 40주로 설정한
것은 아이가 태어난 뒤에도 일정 기간 동안 엄마와
아가의 평온함을 위해 기도명상을 지속할 것을
권하기 위함입니다.
매주 마지막 장에 남겨둔 여백에는 명상하는 과정
에서 엄마가 아가에게 전하고 싶은 말이나
생각을 편안한 마음으로 적어봅니다.
10주에 한 번씩은 아빠가 사랑하는 아기 혹은 엄마
에게 하고 싶은 말을 표현하는 공간도 남겨두었습니다.
아름다운 세상을 맞이할 고귀한 생명을 향한 엄마
아빠의 간절한 마음이 40주간 모아지면 너무나
소중한 태교명상 일기가 완성됩니다.

훗날 이 책을 아이와 함께 바라보며
미소지을 당신의 모습이 그려지나요?

마침내 마음이가 태어났습니다.
엄마라고 해도 아직은
어리둥절하고 낯설기만 하겠죠.
작은 생명을 보살피면서도 엄마의 마음을 담은
기도는 계속되어야 합니다.
출산 후에도 날마다 아침저녁으로 삼귀의를 하고
임산부 10가지 약속을 되새겨보세요.
이어 아침에는 <행복경> 저녁에는 <자애경>을
독경한 뒤 연꽃으로 피어난 마음이를 위한 기도를
올리고 진언(Ⅱ)을 외워봅니다.
기도가 너무 길다면 내가 좋아하는 기도 하나만
하셔도 좋습니다.
무엇이든 꾸준히 실천하는 것이 중요한 포인트
입니다. 이렇게 기도를 이어간다면 하루하루 성
숙된 엄마의 모습으로 다시 태어난 당신을 발견
할 수 있을 것입니다.
언제나 고귀한 당신을 응원합니다.

진언(眞言)이란 참된 말, 붓다(진리를 깨달은 성인)의 핵심적 진리의 말씀 등으로 해석됩니다. 진언은 나의 마음속에 있는 괴로움을 돌려 지혜를 이루게 하는 수행 방법입니다. 간절한 마음으로 참된 말을 반복해서 말하면, 좋은 일들을 불러오고 나의 주위를 청정하게 해줍니다.

팔정도(八正道)는 붓다가 늘 강조했던 균형잡힌 삶의 길입니다. 세상을 바르게 보며(正見), 바르게 생각하고(正思惟), 말을 바르게 하며(正語), 바르게 행동하고(正業),
바른 생계수단을 지니며(正命),
바르게 노력하고(正精進), 바르게 깨어있으며(正念), 바르게 집중(正定)하라는 여덟 가지 가르침입니다.
여덟 가지 길은 나의 몸과 말 그리고 마음을 다스려 삶이 균형을 이루어 행복한 삶을 누릴 수 있도록 안내합니다.

바른 지혜 : 정견
나의 삶에서 경험하는 모든 일을 있는 그대로
바르게 보면서, 맑은 삶을 살아가는 것입니다.

바른 생각 : 정사유
잘못된 생각을 버리고,
바른 생각과 뜻을 세우는 것입니다.

바른 말 : 정어
거짓말, 남을 욕하는 말, 아첨하는 말,
이간질하는 말을 하지 않는 것입니다.

바른 행동 : 정업
정견, 정사유, 정어를 잘 실천하는 것입니다.
살아 있는 생명을 소중히 하고,
남의 물건을 탐내지 않으며,
거짓말 그리고 남에게 상처 주는 말을
하지 않는 것 입니다.

바른 일상 : 정명
몸으로 바른 행동을 하고, 입으로 좋은 말을 하며,
뜻으로 바른 생각을 실천하는 것입니다.

바른 노력 : 정정진
이미 행동했던 나쁜 일은
다시 하지 않으려고 애쓰고,
아직 행동하지 않은 나쁜 일은
미리 없애려고 노력하고,
선한 일은 하려고 부지런히 노력하는 것입니다.

마음챙김 : 정념
항상 바른 길을 마음속에 새겨서,
그 마음을 지켜려고 노력하는 것입니다.

고요 : 정정
마음이 조금도 흔들림이 없어서,
항상 고요하고 차분한 상태를 유지하는 것입니다.

귀의

세 가지 고귀함에 귀의합니다.
우리는 누구나 괴로움에서 벗어나 행복할 수 있습니다.
우리는 무한한 가능성이 있는 온전한 존재이기 때문입니다.
정성껏 삼귀의를 하면서 내 안의 고귀한 성품을 믿고
실천할 것을 매일 새롭게 다짐합니다.

저에게 행복한 진리의 길을 보여주시는
고귀한 부처님께 귀의합니다. … 佛(불)
지혜와 자비의 보배를 담은 가르침에 귀의합니다. … 法(법)
화합과 밝은 깨달음 속에서 수행하는 청정한 승가에 귀의합니다. … 僧(승)

"삼보에 귀의하면 원을 이루지 못함이 없고
천인이 공양하는 바가 되며 스스로 깨달음을 얻어
영겁에 걸쳐 복을 받는다."
- 출요경(出曜經) -

약속

임산부를 위한 열 가지 약속(계, 戒)은 행복으로 향하는 다리와 같습니다.
내 마음과 행동을 잘 지킨다면, 나로 인하여 가족이나 주변 사람들이 행복해질 수 있습니다.
(보살계 다섯가지와 임산부를 위한 다섯가지 약속을 담았습니다.)

하나 살아 있는 생명을 해치지 않는 실천으로
　　　모든 생명을 내 몸과 같이 소중히 여기는 자비로운 삶을 살겠습니다.

둘　 주지 않는 물건을 가지지 않는 실천으로
　　　나눔을 기뻐하는 아름다운 삶을 살겠습니다.

셋　 삿된 음행을 하지 않는 실천으로
　　　몸과 마음을 청정히 하는 향기로운 삶을 살겠습니다.

넷　 거짓말을 하지 않는 실천으로
　　　진실하게 말하며 화합을 이루는 평화로운 삶을 살겠습니다.

다섯　정신을 혼미하게 하는 약물이나 술을 먹지 않는 실천으로
　　　마음을 챙기는 지혜로운 삶을 살겠습니다.

여섯 '나와 내 안의 생명은 고귀하다'라는 바른 견해를 갖는 실천으로
따뜻하고 밝은 삶을 살겠습니다.

일곱 나와 아기를 위해 청정한 음식을 섭취하는 실천으로
몸과 마음이 건강한 삶을 살겠습니다.

여덟 늘 따뜻하고 온화한 말을 하는 실천으로
세상에 행복과 희망을 나누는 삶을 살겠습니다.

아홉 늘 모두에게 이익되고 밝은 생각을 하는 실천으로
아름다운 마음을 나누는 삶을 살겠습니다.

열 귀한 생명을 품을 수 있도록 허락한 세상에 감사합니다.
감사한 마음으로 하루하루를 살아가는 실천으로
감사의 향기가 충만한 삶을 살겠습니다.

인연

우리 아가 태명은 무엇일까요?
태명을 이렇게 예쁘게 지은
이유를 적어보세요 ^^*

아가의 이름을 한번 불러 볼까요?
오늘은 아가에게
엄마의 예쁜 목소리를 들려주세요.

행복경

이와 같이 나는 들었다.

한때 세존께서 사왓띠의 제따 숲에 있는 급고독원에 머무셨다.

밤이 깊어갈 즈음 어떤 천신이 아름다운 모습으로 제따 숲을 두루 환히 밝히면서 세존께 다가와 예를 올리고 게송으로 여쭈었다.

"많은 천신(天神)들과 인간들이 행복에 대해 생각해왔습니다.

행복하기를 바라는 저희들에게 으뜸가는 행복에 대해서 말씀해 주십시오."

♥ 1 어리석은 사람과 가까이하지 말고
　　지혜로운 사람과 가까이하며
　　존경할 만한 사람을 공경하는 것
　　이것이 으뜸가는 행복이다.

♥ 2 분수에 맞는 곳에 살고
　　일찍이 공덕을 쌓으며
　　스스로 바른 서원을 세우는 것
　　이것이 으뜸가는 행복이다.

♥ 3 많이 배우고 기술을 익히고
　　계율을 잘 지키며
　　고귀하고 바른 말을 하는 것
　　이것이 으뜸가는 행복이다.

♥ 4 부모님께 효도하고
　　배우자와 자식을 잘 돌보며
　　바르게 생계를 유지하는 것
　　이것이 으뜸가는 행복이다.

♥ 5 너그럽게 베풀고 바르게 살며
　　친구와 친척을 돕고
　　비난받지 않을 행동을 하는 것
　　이것이 으뜸가는 행복이다.

♥ 6　악을 싫어해 멀리하고
　　술 마시는 것을 절제하며
　　선을 행함에 소홀하지 않는 것
　　이것이 으뜸가는 행복이다.

♥ 7　존경하고 겸손하며
　　만족하고 감사할 줄 알며
　　때에 맞추어 가르침을 듣는 것
　　이것이 으뜸가는 행복이다.

♥ 8　인내하고 온화하게 말하며
　　때에 맞추어 수행자를 만나
　　가르침을 받는 것
　　이것이 으뜸가는 행복이다.

♥ 9　감각기관을 수호하고
　　청정하게 살며
　　거룩한 진리를 깨닫고
　　열반을 성취하는 것
　　이것이 으뜸가는 행복이다.

♥ 10　세상일에 부딪혀도 마음이 흔들리지 않고
　　슬픔 없이 티끌 없이 평안한 것
　　이것이 으뜸가는 행복이다.
　　이와 같은 삶을 산다면 어디서나
　　실패하지 않고, 어디서나 번영하리니
　　이것이 으뜸가는 행복이다.

- 숫타니파타 -

자애경

완전한 평정 상태를 맛보고서
향상을 이루고자 애쓰는 사람은
유능하고, 정직하고, 고결하며
말이 점잖고, 온유하고, 거만하지 않아야 한다.
만족할 줄 알아서 남들이 공양하기 쉬워야 하며
분주하지 않고, 생활이 간소하며
감관(監官)은 고요하고 사려 깊을지니
사람들을 대할 때
뻔뻔스러워서도 알랑대서도 안 된다.
또한 지혜로운 이의 질책을 살만한
어떤 행동도 삼가야 한다.

그런 다음에 이와 같은 생각을 해야 하느니
모두가 탈 없이 잘 지내기를!
모든 중생이 행복하기를!
살아있는 생물이
약한 것이든 강한 것이든
길든 크든 중간이든
짧든 미세하든 또는 거대하든
눈에 보이는 것이나
눈으로 볼 수 없는 것이나
멀리 살거나 가까이 살거나
태어났거나 태어나려 하고 있거나
모든 중생이 행복하기를!

어디에 있든 누구도 자기 도반을
속이거나 헐뜯는 일이 없게 해야 한다.
누구도 남들이 잘못되기를 바라지 말아야 한다.
원한에서든 증오에서든.
어머니가 하나뿐인 자기 자식을
목숨 바쳐 위험으로부터 구해내듯
만중생을 향한 일체 포용의 생각을
자기 것으로 지켜내야 한다.
전 우주를 높은 곳 깊은 곳 넓은 곳 끝까지
모두를 감싸는 사랑의 마음을 키워야 한다.

미움도 적의도 넘어선
잔잔한 그 사랑을.
서거나 걷거나 앉거나 누웠거나
깨어있는 한 이 자비의 마음을
놓치지 않도록 전심전력해야 한다.
세상에서 말하는
'거룩한 경지'가 바로 그것이다.
그릇된 생각에 더 이상 매이지 않고
계행과 구경의 지견을 갖추었으며
모든 감관적 욕망을 이겨냈기에
그는 다시 모태에 들지 않을 것이다.

- 숫타니파타 -

 마음이를 위한 행복한 기도

부처님.
지난 세상 제가 지어놓은 인연과 부처님의 뜻으로
소중한 생명을 품게 되었습니다.
이 귀한 마음이를 얻었으니
언제나 밝은 마음으로
소중한 마음이를 돌보고
언제나 따뜻한 마음으로
소중한 마음이를 보호하겠습니다.
마음이의 세포 하나하나가
건강하게 자랄 수 있도록
맑고 청정한 음식을 섭취하고
한 생각 한 생각이 맑고 깨끗하게 하며
말 한마디도 온화하게 할 수 있도록
노력하겠습니다.

부처님.

마음이가 따뜻하고 밝은 마음을 가져
따뜻하고 밝은 마음을 나눌 수 있는 존재 되게 하소서
밝은 지혜의 눈을 떠
아름다운 세상을 살 수 있도록 이끌어 주시고
몸과 마음 건강할 수 있도록
부처님의 가호 가피력으로 늘 보호하여 주소서.
부처님의 자비광명 한아름 선물하여 주소서.
당신은 부처님이십니다.

마음편지

엄마가 원하는 마음이는 어떤 모습일까요?
그리고 마음이가 원하는 엄마는 어떤 모습일까요?
엄마의 마음을 솔직하게 담아보세요.

진언 I

참된 말,
귀한 인연을 초대하다.

이 신비의 말을 간절하게 외우면 원하는 대로
복덕과 지혜를 갖춘 자녀를 얻는다고 합니다.

관세음보살 옥환수진언
옴 바나맘 미라야 사바하

"만일 한 여인이 아들 낳기를 원하면 복덕과 지혜를 갖춘 아들을 낳고,
딸 낳기를 원하면 단정한 딸을 낳으리니,
이는 전생에 덕을 심었으므로 많은 사람이 사랑하고 공경하는 것이니라
무진의여, 관세음보살은 이와 같이 큰 힘이 있느니라.."

- 법화경 관세음보살보문품 -

생활명상 미션

1주

'나는 행복합니다.'
나를 행복하게 하는 것들을 적어보세요.
소소한 것도 좋아요.
그리고 크게 따라 해 보세요.
'나는 행복합니다.'
어느 순간 더욱 행복해진 나를 발견하게 될 거예요.

 **바른 지혜**

이것이 있으므로 저것이 있게 되고
이것이 일어나므로 저것이 일어날지니
이것이 없으므로 저것이 없게 되고
이것이 소멸하므로 저것이 소멸한다네.

- 잡아함경 -

 바른 생각

자비심은 진실해서 헛되지 않고
선행은 진실한 생각에서 나오게 되나니
진실한 생각은 곧 자비심이라네.

- 열반경 -

 바른 말

마음과 말이 함께 어울리고
믿음 있게 행하여서 하나가 된다면
이때 청정한 나의 성품이 바로
사람이 본래부터 가지고 있는 부처일지니
나의 참 성품을 떠나
따로 부처란 있을 수 없다네.

- 법보단경 -

 바른 행동

베풂은 널리 평등하게 골고루 하되
좋고 나쁨을 가리지 않아야만
베푸는 마음속에서
나를 만나 구제받는 인연을 맺게 된다네.

- 증일아함경 -

팔정도 진리의 말씀

 **바른 일상**

그대는 눈을 바르게 가지고
귀를 바르게 가질 것이며
코를 바르게 가지고
입을 바르게 가질 것이며
몸을 바르게 가지고
마음을 바르게 가져야 한다네.

- 정행경 -

 바른 노력

과거에 끄달리지도 말고
미래를 걱정할 필요도 없나니
오직 오늘의 한 생각만을
굳게 지켜야 한다네.

- 법구경 -

 **마음챙김**

무슨 일을 하건 자만을 경계하고
또 자신이 남보다 우월하다거나
혹은 열등하다고 분별하는 태도에서
벗어나야 하나니
분별 속에서 '나'라는 허상은 더욱 커지게 된다네.

- 숫타니파타 -

 고요

만족할 줄 아는 사람은
비록 맨땅 위에 누워 있을지라도
편안하고 즐겁나니
만족할 줄 모르는 사람은
비록 극락에 있어도 마음에 차지 않을 거라네.

- 불유교경 -

내가 나에게,
엄마가 아기에게, 하고 싶은 이야기

생활명상 미션

2주

아침에 눈을 뜨면, 감사한 일 세 가지를 생각하며 눈을 떠보세요.
더 많아도 좋아요.
하루하루 모르고 지나쳤던 감사한 일들이
내 마음의 눈을 뜰 수 있게 합니다.

 바른 지혜

만일 당신의 과거를 알고 싶으면
현재의 당신을 볼 것이니
현재는 과거의 결과이기 때문일지니
당신의 미래를 알고 싶다면
현재의 당신을 볼 것이니
현재가 미래의 원인이기 때문이라네.

- 중아함경 -

 바른 생각

덧없는 생각이란 무엇일까?
육신에 매달리는 것이 덧없는 것이고
감각적인 쾌락에 매달리는 것이 덧없는 것이며
보고 느낀 생각들이 덧없는 것일지니
자기중심적으로 사물을 판단하는 것이
덧없는 것이라네.

- 잡아함경 -

 바른 말

덕은 어떤 사람을 오랫동안 대함으로써 알 수 있고
성실은 사귀어 봄으로써 알 수 있으며
용기는 고난을 겪어 봄으로써 알 수 있고
지혜는 깊은 대화를 나누어 봄으로써 알 수 있다네.

- 우다나경 -

 바른 행동

덕행을 쌓게 되면 행복이 찾아오나니
진실이 최고의 맛이며
지혜롭게 사는 것이
최상의 생활이라네.

- 법구경 -

팔정도 진리의 말씀

 바른 일상

남들이 하는 일을 살피지 말고
항상 자기 일이 올바른지 그른지를
잘 돌아보아야 한다네.

- 법구경 -

 바른 노력

지나간 것을 좇지 말고
오지 않는 것은 기다리지 말며
과거는 이미 지나버렸고
미래는 아직 오지 않았으며
현재도 순간순간 변하고 있나니
그러므로 오늘을 잘 살도록
노력하지 않으면 안 된다네.

- 중부경전 -

 마음챙김

지붕 잇기를 촘촘히 하면
비가 와도 새지 않나니
마음을 단단히 거두어 가지면
탐욕은 이것을 풀지 못한다네.

- 법구경 -

 고요

재산을 잃는 것은 작은 것이니
가장 크게 잃는 것은 지혜를 잃는 거라네.

- 증지부경 -

내가 나에게,
엄마가 아기에게, 하고 싶은 이야기

생활명상 미션

3주

오늘은 착한 일 하는 날
but 착한 일 했다는 마음 일으키지 않기!
착한 일 했다는 마음을 일으켰다면
마음의 그릇에 욕심을 담은 거예요.

바른 지혜

부처님께서 말씀하신 진정한 아름다움이란
아름다운 얼굴, 아름다운 몸매,
화려한 옷, 듣기 좋은 말
모두 진정한 아름다움이 아닐지니
마음이 단정하고 뜻이 바른 것이
진정한 아름다움이라 하시네.

- 칠녀경 -

 ### 바른 생각

자비는 네 가지를 갖추어야 하나니
첫째. 자비로써 시방의 중생을 생각하고,
둘째. 시방 중생에게 마치
어머니가 아들을 양육하듯 하며,
셋째. 시방 중생을 지극히 애처롭고
불쌍하게 여기며,
넷째. 시방 중생을 내 몸과 다름없이 생각함이라네.

- 불설연도속업경 -

 ### 바른 말

마음은 모든 것의 근본이어서 모든 일은
마음이 그려내나니,
만약 착하고 순수한 마음을
가지고 말하거나 행동하면 즐거움이
그를 따르게 된다네.
마치 그림자가 그 주인을 따르듯이.

- 법구경 -

 ### 바른 행동

그것이 복이 되지 않을 것이라 해서
조그마한 선을 가벼이 여기지 말지니
한 방울의 물이 모여 큰 강물을 이루듯이
세상의 행복도 작은 선이 모여
이루어지는 것이라네.

- 법구경 -

팔정도 진리의 말씀

 바른 일상

다른 사람에게 충고를 받으면
반성하고 깊이 감사해야 한다네.

- 숫타니파타 -

 바른 노력

지혜로운 사람은 자신이 할 수 없는 일은
결코 하지 않나니
자신이 할 수 있는 일에만
오직 열심히 한다네.

- 증일 아함경 -

 마음챙김

비록 연꽃이 혼탁한 곳에서 자라지만
주변을 아름답게 가꾸어 주듯이
가르침을 배우는 사람은
어지러운 사회를 밝은 미소로 밝게 해 준다네.

- 숫타니파타 -

 고요

만족할 줄 모르는 사람은
아무리 부유해도 가난하나니
만족할 줄 아는 사람은
비록 가난하더라도 부유하다네.

- 유교경 -

마음이와 함께 떠나는 태교명상 여행

내가 나에게,
엄마가 아기에게, 하고 싶은 이야기

생활명상 미션

4주

<바다 마음 명상>
실수한 사람을 보아도 이해해 주기
마치 엄마의 마음처럼 바다마음이 되어 보는 거예요.
자 ~ 눈을 감고, 푸르고 아름다운 바다가 되어 보세요.

 **바른 지혜**

사람의 겉모습만 보고 선한 사람인지
악한 사람인지 말하지 말지니
구리그릇에 순금으로 도금을 하면
겉은 화려하지만 속은 구리인 것처럼
겉으로 드러낸 말과 행동에는 꾸밈이 있어서
그 속마음을 알 수 없다네.

- 잡아함경 -

 **바른 생각**

그는 나를 욕했다, 그는 나를 때렸다,
그는 나를 이겼다, 그는 내 것을 빼앗았다….
이런 생각을 품는 사람들의 증오는
사라지지 않는다네.

- 법구경 -

 바른 말

이로움을 주지 않는 천 마디 말보다
들으면 마음이 고요해지고
이로움을 가져다주는
한마디 말이 더 가치가 있다네.

- 법구경 -

 바른 행동

행한 뒤에 후회하지 않고 만족스럽고
유쾌한 결과를 초래하는 행위를 하라 하네.

- 법구경 -

팔정도 진리의 말씀

 **바른 일상**

내 인생에서 가장 행복한 날은 언제인가?
바로 오늘.
내 인생의 절정의 날은 언제인가?
바로 오늘.
내 인생에 가장 귀중한 날은 언제인가?
바로 오늘.
어제는 지나간 오늘이고
내일은 다가올 오늘이라네.

- 벽암록 -

 바른 노력

탐욕은 물에 비친 달과 같아서
물이 움직이면 달도 움직이듯
번뇌의 마음이 일어나면
모든 현상도 함께 일어나게 마련일지니
탐욕의 마음도 이와 마찬가지여서
잠시도 머무르지 않고
일어났다가 없어지기를 반복한다네.

- 육바라밀경 -

 마음챙김

지혜가 있으면 탐착이 사라지니
항상 스스로 반성하여
마음에 허물이 없게 행하는 사람은
부처님 가르침 속에서 능히 해탈할 수 있나니
만약 그렇지 않으면
그는 이미 부처님의 가르침을
따르지도 믿지도 않는 사람이라네.

- 불유교경 -

 고요

다른 사람 책망하기를 즐기지 말고
힘써 자신을 돌볼지니
만약 이 도리를 이해하다면
불행의 길이 사라진다네.

- 법구경 -

마음이와 함께 떠나는 태교명상 여행

내가 나에게,
엄마가 아기에게, 하고 싶은 이야기

생활명상 미션

5주

나, 이런 사람이에요!
나도 알고 보면, 꽤 괜찮은 사람이랍니다.
관찰자가 되어 매일 나의 장점을 세가지씩 찾아보세요.

바른 지혜

옳은 일 옳다 하고 그른 일 그르다 하는 사람
바른 견해 가진 사람이니
이러한 사람 천상의 길 들어서게 된다네.

- 법구경 -

 ### 바른 생각

항상 올바른 생각을 가지고
자신의 마음을 지켜 간다면
세속의 온갖 나쁜 것들에게
결코 마음을 빼앗기지 않게 된다네.

- 불본행경 -

 ### 바른 말

좋은 길로 올바르게 인도하는 데는
진실한 말로 인도함이 최고일지니
이 세상의 모든 등불 가운데
진실의 등불이 최고라네.

- 정법염처경 -

 ### 바른 행동

악을 행하면 지옥에 떨어지고
선을 행하면 천상에 태어날지니
모든 존재가 공한 이치를 닦으면
번뇌가 없어지고 해탈을 얻게 된다네.

- 인연승호경 -

 ### 바른 일상

어떤 일을 하는데
그 일이 쉽게 되기를 바라지 말지니
일이 쉽게 이루어지면 마음이 경솔해질 수 있으니
어떠한 어려움도 극복하고 성취하는 것이
더 보람찬 일이라네.

- 보왕삼매론 -

 ### 바른 노력

게으름은 더러움으로 이르는 길이고
부지런함은 깨끗함으로 이르는 길이며
방일은 마음을 어지럽게 하는 길이고
한결같은 마음은 고요에 이르는 길이라네.

- 문수사리정률경 -

팔정도 진리의 말씀

 마음챙김

근심을 넘어서는 상처는 없고
어리석음을 넘어서는 화살은 없나니
이것은 어떤 장사도 뽑아낼 수 없으며
오직 많이 듣고 배워서 없앨 수 있다네.

- 법구비유경 -

 고요

마음이란 경박하고 수선스러워
잡기 어렵고 제어하기 어렵지만
지혜로운 사람은
능히 바르게 만들 수 있으니
마치 장인이 화살을 곧게 함과 같다네.

- 법구경 -

**내가 나에게,
엄마가 아기에게, 하고 싶은 이야기**

생활명상 미션

6주
———

잠자리에 누워서 눈 감기 전
나 스스로 참 잘한 일, 한 가지씩 칭찬하고 꿈나라로 가는 거예요!
오늘도 참 잘했어요. ^^

바른 지혜

욕심이 많은 사람들 속에 있더라도
욕심 내지 말고 즐겁게 살아야 한다네.

- 법구경 -

바른 생각

오늘은 어제의 생각에서 비롯되었나니
현재의 생각은 내일의 삶을 만들어 낸다네.

- 법구경 -

바른 말

삶은 마음이 만들어 내는 것이니
순수하지 못한 마음으로
말과 행동을 하게 되면
고통은 그를 따르게 된다네.

- 법구경 -

바른 행동

무엇을 들었다고 쉽게 행동하지 말지니
그것이 사실인지 깊이 생각하여
이치가 명확할 때 과감히 행동하라 하네.

- 잡보장경 -

팔정도 진리의 말씀

바른 일상

세상의 모든 괴로움은 물질로 인해 발생하나니
그러므로 물질에 대한 집착을 버리면
괴로움은 더이상 생기지 않게 된다네.

- 숫타니파타 -

바른 노력

자신을 비난하는 말을 듣지 않을 때는
온화하고 평온하나니
그러나 진정으로 온화하고 평온해야 할 때는
비난하는 말이 자신을 향하고 있을 때라네.

- 중아함경 -

마음챙김

분노와 욕망, 어리석음과 교만함은
마치 네 개의 독화살과 같아서
모든 병을 일으키는 근본이 될지니
밖으로부터 날아오는 독화살은 막을 수 있지만
안으로부터 자라나는 독화살은 막을 수가 없다네.

- 아함경 -

고요

모자라면 소리가 나지만
가득 차면 아주 조용하나니
어리석은 사람은 물이 반 정도 담긴 항아리 같고
지혜로운 사람은 물이 가득 찬 연못과 같다네.

- 숫타니파타 -

마음이와 함께 떠나는 태교명상 여행 61

**내가 나에게,
엄마가 아기에게, 하고 싶은 이야기**

마음이와 함께 떠나는 태교명상 여행

생활명상 미션

7주

나의 이웃들에게
늘 해바라기처럼 활짝 웃으며 인사해 보세요.
웃으면, 웃는 일만 가득하답니다.

바른 지혜

크든 작든 간에 다른 사람의
이익을 위한다 하여
자신의 참다운 이익을
소홀히 하지 말아야 한다네.

- 법구경 -

 바른 생각

이 세상에서 가장 귀중한 시간은
지금 이 시간일지니
이 세상에서 가장 귀중한 생각은
지금 이 순간의 생각이라네.

- 벽암록 -

 바른 말

사랑스러운 예쁜 꽃이
빛깔도 곱고 향기가 있듯
아름다운 말을 바르게 행하면
반드시 복이 따르게 된다네.

- 법구경 -

 바른 행동

공덕을 베풀려면 과보를 바라지 말지니
과보를 바라게 되면 도모하는 뜻을 가지게 되나니
그래서 부처님께서는 말씀하셨다네.
"덕 베푼 것을 헌신짝처럼 버리라."

- 보왕삼매론 -

팔정도 진리의 말씀

 바른 일상

욕심이 적은 사람은
어떤 고난을 맞이해도
항상 마음이 너그럽고
여유가 있다네.

- 유교경 -

 바른 노력

마땅히 배워서 마음을 지키고
스스로 닦아 지혜를 구할지니
번뇌의 때를 벗어
지혜의 촛불을 잡고 길을 바라보아야 한다네.

- 수행본기경 -

 마음챙김

노여움은 사나운 불보다도 더 무섭나니
그러므로 항상 사기 자신을 잘 지켜서
노여움이 일어나지 못하게 해야 하나니
공덕을 파괴하는 도둑은
노여움보다 더한 것이 없다네.

- 유교경 -

 고요

바위가 중후할 때는
그 어떤 바람에도 끄떡하지 않듯이
지혜로운 사람은 그 마음이 중후하여
어떠한 비난이나 칭찬에도 흔들리지 않는다네.

- 법구경 -

마음이와 함께 떠나는 태교명상 여행

내가 나에게,
엄마가 아기에게, 하고 싶은 이야기

_____
_____
_____
_____
_____
_____
_____
_____
_____
_____
_____
_____
_____
_____
_____
_____

생활명상 미션

8주

오늘 하루는 무조건 'Yes'
세상에 꼭 필요한 사람이 되어보는 거예요.
긍정의 마음은 긍정의 일을 끌어들이는 신비한 에너지가 있습니다.

바른 지혜

우리의 마음은 능숙한 화가와 같아서
무엇이든지 그려낼 수 있나니
현실이라는 종이 위에
몸과 입과 생각이라는 붓으로
마음속에 있는 모든 것을 그려낼 수 있다네.

- 화엄경 -

 **바른 생각**

남을 때리면 나도 맞게 되고
남을 원망하면 나도 원망을 받게 되나니
남을 꾸짖으면 나도 꾸짖음을 받고
남에게 성내면 나도 성냄을 받게 된다네.
마치 그림자가 나를 따르듯이.

- 법구경 -

 바른 말

욕하지도 않고 사납지도 않고
언제나 자비로운 마음을 가질지니
비록 악한 사람이 욕을 한다 하더라도
바위처럼 흔들리지 않을 것이라네.

- 아함경 -

 바른 행동

가난하여 보시할 재물이 없을 때는
남이 보시하는 것을 보고
기쁜 마음을 일으킬지니
남의 선행을 보고
기뻐하는 마음을 일으키는 것은
보시하는 것과 같은 공덕이 된다네.

- 인과경 -

팔정도 진리의 말씀

 바른 일상

애욕보다 큰 것은 없고
분노보다 깊은 것은 없으며
교만보다 높은 것은 없다네.

- 별역잡아함경 -

 **바른 노력**

참는 것은 분노를 이기고
착한 것은 악한 것을 반드시 이기게 된다네.

- 빈기가경 -

 마음챙김

깊고도 견고한 뿌리를 가진 나무는
베어도 다시 자라나듯
욕망은 뿌리째 제거하지 않으면
그로 인한 괴로움은 다시 일어난다네.

- 법구경 -

 고요

복은 뜨거운 불도 태우지 못하고
바람에도 날아가지 않으며
홍수가 세상을 휩쓸지라도
복은 떠내려가지 않나니
흉악한 도적떼가 재물을 강제로 빼앗을 때도
그 사람이 지은 복은 결코 빼앗아가지 못한다네.

- 증일아함경 -

내가 나에게,
엄마가 아기에게, 하고 싶은 이야기

생활명상 미션

9주

상대방의 말을 따뜻한 마음으로 끝까지 들어주세요.
싹뚝! 말을 자르면 상대방이 상처받을 수 있어요.
경청은 상대방에 대한 존중의 표현입니다.

 바른 지혜

이 세상에서 자신보다 더 사랑스러운 것은 없고
지혜보다 더 밝은 것은 없으며
생각보다 더 빨리 변하는 것은 없다네.

- 잡아함경 -

 바른 생각

마음이 가는대로 따라가서는 안 되고
항상 마음을 잘 다스려서
부드럽고 순하게 가질지니
마음이 하늘도 만들고 사람도 만들며,
지옥도 만들고 극락도 만드는 것이니
마음을 좇아가지 말고 마음의 주인이 되라 하네.

- 장아함경 -

 **바른 말**

인내력을 기르고
말을 온화하고 부드럽게 하며
수행자들을 두루 만나 알맞은 때에
진리의 말에 귀를 기울일지니
이것이 더없는 행복이라네.

- 숫타니파타 -

 바른 행동

몸의 행을 일으키고 멸함은
모두 마음의 힘 때문이니
마음을 떠나면 몸은 고목과 같이 되고
마음을 잘 다스리면 몸은 바르게 된다네.

- 불소행찬 -

바른 일상

만족할 줄 아는 사람은
가난한 듯 하나 실은 부유하나니
만족을 모르는 자는
항상 오욕에 매여
남에게 불쌍하게 여겨진다네.

- 유교경 -

 바른 노력

인색과 탐욕은 가난의 문이 되고
보시는 행복의 문이 된다네.

- 문수사리정률경 -

 마음챙김

남의 잘못은 보기 쉬워도
자기 잘못은 보기 어렵나니
남의 잘못은 티끌을 불어 날리듯 하고
나의 잘못은 노름꾼이 패를 감추듯 한다네.

- 법구경 -

 고요

선의 열매가 익기 전에는
착한 사람도 화를 만나게 될지니
선의 열매가 익은 때에는
착한 사람은 복을 받게 된다네.

- 비유경 -

내가 나에게,
엄마가 아기에게, 하고 싶은 이야기

생활명상 미션

10주

<그대로 멈춤 명상>
화날 때, 짜증날 때, 우울할 때,
잠깐 멈춰보세요.
숨 들이쉬고 내쉬고 숨 쉬는 호흡에 집중해 보세요.
모든 것은 변하고 사라진답니다.

바른 지혜

세상을 살아가면서 인색하지 말고
성내거나 질투하지 말지니
자신의 이기심을 채우고자
정의를 등지지 말고
원망을 원망으로 갚지 말아야 한다네.

- 잡보장경 -

바른 생각

욕심이 많은 사람은 괴로움도 많을지니
그러나 욕심이 없는 사람은 괴로움도 없다네.

- 불유교경 -

바른 말

악행에서 떠나고자 한다면
거짓말을 하지 말지니
등불 중에서도 진실한 말의 등불이 으뜸이고
인도자 중에서도
진실한 말의 인도자가 으뜸이라네.

- 정법염처경 -

바른 행동

마음을 유혹하는 아름다운 꽃일지라도
향기가 없는 꽃이 있듯이
아무리 좋은 말을 하여도 행동하지 않는다면
아무런 이익이 없다네.

- 법구경 -

바른 일상

겉모습이 그럴듯하다 해서
모두가 좋은 사람이 아니니
좋은 사람은 생각이 올바르고 정직할지니
겉모습만 치장하지도 말고
또 겉모습만 가지고
사람을 평가하지도 말아야 한다네.

- 대반열반경 -

마음챙김

조그만 악이라고 가벼이 알아
재앙이 없으리라 여기지 말지니
비록 물방울이 작아도
차츰 모이면 항아리를 채우게 되듯
이처럼 작은 악이 쌓여서 큰 죄악이 된다네.

- 법구경 -

바른 노력

어리석은 자는 게으르기 때문에
항상 고통을 받게 되나니
게으른 자에게는 행복이 떠나가고
실로 온갖 고통은 게으름에서 생기게 된다네.
그러므로 고통에서 벗어나고자 한다면
게으름을 버려야 한다네.

- 정법염처경 -

고요

깊은 호수가 맑고 고요하듯이
지혜로운 사람은 가르침을 듣고
고요해 진다네.

- 법구경 -

내가 나에게,
엄마가 아기에게, 하고 싶은 이야기

아빠가 아가에게,
들려주고픈 이야기

_____
_____
_____
_____
_____
_____
_____
_____
_____
_____
_____
_____
_____
_____

생활명상 미션

11주

착한 사람 콤플렉스가 있는 당신
말하지 못했던 것은 말하고
거절하지 못했던 일은 정중히 거절해 보는 거예요!
이렇게…
"저의 마음을 표현해도 될까요?"

 바른 지혜

자신이 참으로 소중한 존재임을 아는 사람은
함부로 남을 해치지 않는다네.

- 상응부경전 -

 바른 생각

인내는 분노를 이기고
선은 악을 이길지니
은혜는 인색한 마음을 이기고
진실은 거짓을 이기게 된다네.

- 아함경 -

 바른 말

거짓말을 버리고 진실한 말만 할지니
그러면 세상 사람들은 그 사람의 언행을
확인하지도 않고 모두 믿게 될 것이라네.

- 정법염처경 -

 바른 행동

비록 백 년을 살지라도
행실이 나쁘고 마음이 어지럽다면
마음의 고요를 지니고 덕행을 쌓으면서 사는
하루보다 못하다네.

- 법구경 -

팔정도 진리의 말씀

 바른 일상

어리석은 자와 가까이 하지 말고
슬기로운 이와 가까이 지내야 하며
그리고 존경할 만한 사람을 섬겨야 할지니
이것이 인간에게 최상의 행복이라네.

- 대길상경 -

 바른 노력

마음은 항상 용감하게
생각은 항상 신중하게
행동은 항상 깨끗하고 조심스럽게
스스로 자제하고 올바르게 살아갈지니
부지런히 정진하는 사람은
영원히 깨어 있는 사람이라네.

- 불유교경 -

 마음챙김

마음이 욕망에 빠져들지 않고
증오심에 흔들리지 않으며
선과 악을 초월한 사람,
그와 같이 깨어있는 사람에게는
걱정이 없다네.

- 법구경 -

 고요

지혜가 없고 선정이 없는 사람의 백 년의 삶보다
지혜롭고 선정에 들어 사는 사람의
하루의 삶이 더 낫다네.

- 법구경 -

내가 나에게,
엄마가 아기에게, 하고 싶은 이야기

생활명상 미션

12주

<긍정 명상>
꼭 이루고 싶은 소원이 있나요?
간절한 마음을 담아서, 소원 끝에 '사바하'를 붙여보세요.
요리를 하면서 "맛있어라 사바하"
음식을 먹으며 "건강해져라 사바하"

 바른 지혜

만약 부끄러워하는 마음을 버리면
모든 공덕을 잃어버릴지니
부끄러움이 있는 사람은 선한 법이 있고
부끄러움이 없는 사람은
동물과 다른 바가 없다네.

- 불유교경 -

 바른 생각

남의 착한 점은 칭찬해 주고 허물은 숨겨 주며
남의 부끄러운 점은 감추어 주고
잘못은 말하지 말며
작은 은혜라도 반드시 갚을 것을 생각할지니
자기를 원망하더라도
항상 착한 마음을 가지라 하네.

- 우바새계경 -

 바른 말

무익한 천 마디의 말보다는
들어서 마음이 안정되는 한마디가
더 유익하다네.

- 법구경 -

 바른 행동

사람은 네 가지 일로 인하여
많은 죄를 짓게 되나니
첫째, 탐욕을 행하고
둘째, 성냄을 행하며
셋째, 남에게 공포를 행하고
넷째, 어리석음을 행함이라네.

- 대품선생경 -

바른 일상

욕망에 의한 쾌락에 갇혀 있는 사람은
영혼의 자유를 얻기 어려울지니
영혼의 자유는
남이 줄 수 있는 것이 아니기 때문이라네.

- 숫타니파타 -

바른 노력

비록 처음에는 악한 행동을 했지만
점점 선행으로 과거의 악행을 극복하는 사람
그 사람은 마치 달이 구름을 헤치고 나오듯
이 세상을 밝게 비추게 된다네.

- 법구경 -

마음챙김

지붕을 잘못 이은 집에 비가 새듯이
자기계발이 되지 않은 사람의 마음에
탐욕이 파고든다네.

- 법구경 -

고요

지으면서 기쁘고 뒤에도 기쁘니
착한 일을 하면 지금과 나중 둘 다 기쁘다네.
저 사람의 기쁨을 즐겁게 생각하면
복을 만나 마음이 편안해진다네.

- 법구비유경 -

내가 나에게,
엄마가 아기에게, 하고 싶은 이야기

_____
_____
_____
_____
_____
_____
_____
_____
_____
_____
_____

생활명상 미션

13주

작은 것이라도 베푸는 마음을 연습해 보세요.
어디든! 누구에게든! 차별 없이요.

🌼 바른 지혜

믿음은 더러운 작용이 없어서
청정함을 주고 교만을 없애준다네.

- 화엄경 -

🌼 바른 생각

보리심은 곧 큰 길이니
능히 지혜의 성에 들어갈 수 있는 까닭이며
보리심은 곧 맑은 눈이니
삿되고 바른 이치를 모두 보는 까닭이라네.

- 화엄경 -

🌼 바른 말

좋은 말만 하고
이치에 맞는 말만 하며
진실만을 말할지니
이것이 최고의 가르침이라네.

- 소부경전 -

🌼 바른 행동

알맞은 일을 하고 책임을 다하며
열심히 노력하는 사람은 재물을 얻게 되나니
진실하면 명성을 떨치고
베풀면 친구를 얻게 된다네.

- 숫타니파타 -

팔정도 진리의 말씀

바른 일상

지혜로운 사람은
잠깐이라도 성현을 가까이 섬기면
곧 진리를 깨닫게 될지니
마치 혀가 온갖 맛을 아는 것과 같다네.

- 법구경 -

바른 노력

만일 그대가
어질고 성실하고 현명한 벗을 만난다면
어떠한 난관도 극복할 수 있을지니
기쁜 마음으로 그와 함께 가야 한다네.

- 숫타니파타 -

마음챙김

사람은 작은 일에도 마음이 흔들리게 되나니
흔들리는 마음을 억제하기란 쉽지 않지만
지혜 있는 사람은
이를 곧장 바로잡을 수 있으니
마음을 바로잡는 것
이것이 바로 행복의 시작이라네.

- 법구경 -

고요

자신의 마음을 잘 다스리는 사람은
반드시 삶의 안락을 얻게 된다네.

- 법구경 -

내가 나에게,
엄마가 아기에게, 하고 싶은 이야기

생활명상 미션

14주
———

화분에 있는 꽃들에,
지나가며 만나는 나무에,
그리고 사람들에게 속삭여 주세요.
살아있는 모든 것들이 행복하기를…
고마워 그리고 사랑해.

🌸 바른 지혜

건강은 최상의 이익이고
만족은 최상의 재물이며
신뢰는 최상의 친척이고
열반은 최상의 행복이라네.

- 법구경 -

🌸 바른 생각

보리심은 곧 좋은 밭이니
중생들이 거룩하고 청정한 법을
길이길이 기르는 까닭이며
보리심은 곧 모든 부처님의 씨앗이니
능히 모든 부처님을 낳는 까닭이라네.

- 화엄경 -

🌸 바른 말

항상 따뜻한 얼굴로
사랑스럽게 말하라 하네.

- 대무량수경 -

🌸 바른 행동

어떤 사람이 왼쪽 어깨에는 아버지를
오른쪽 어깨는 어머니를 얹고
천년만년 옷과 음식과
약으로 봉양하고 받들더라도
부모님의 은혜는 다 갚은 것이 아니라 하시니
부모님께 항상 공양하고 효도하여 공경하되
때를 놓치지 말아야 한다네.

- 증일아함경 -

🌸 바른 일상

수많은 재물과 먹을 것이 풍족한 사람이
그것을 자신만을 위해 사용한다면
이것은 파멸의 문이 된다네.

- 숫타니파타 -

🌸 바른 노력

명예를 얻고자 한다면 계율을 지키고
재물을 얻고자 한다면 보시를 행하며
덕망이 높아지고자 한다면 진실한 삶을 살고
좋은 벗을 얻고자 한다면
먼저 은혜를 베풀어야 한다네.

- 잡아함경 -

팔정도 진리의 말씀

 마음챙김

마음은 보기도 어렵고 미묘하나
지혜 있는 사람은 마음을 잘 다스리나니
마음을 잘 다스리는 사람은
곧 안락한 삶을 살아가게 된다네.

- 숫타니파타 -

 고요

지금도 즐겁고 뒤에도 즐겁나니
착한 일을 하면 지금도 나중도
모두 즐겁다네.
그것은 스스로를 돕는 일이니
복을 받아 기쁨과 즐거움이 있다네.

- 법구비유경 -

마음이와 함께 떠나는 태교명상 여행

내가 나에게,
엄마가 아기에게, 하고 싶은 이야기

생활명상 미션

15주

너무나 바쁘게 걸어왔던 나.
나에게 소중했던 인연들에게 따뜻한 안부 문자를 보내 보세요.
그동안 식었던 나의 마음이 따뜻해질 수 있도록…

바른 지혜

자애로운 마음으로 탐욕을 끊고
연민하는 마음으로 노여움을 끊으며
기뻐하는 마음으로 불쾌한 마음을 끊고
집착에서 떠난 마음으로
탐욕과 성냄을 끊어야 한다네.

- 열반경 -

 바른 생각

설사 그가 천한 사람이라 할지라도
사랑의 대상은 모두 평등하나니
사랑에는 차별이 없기 때문이라네.

- 본생경 -

 바른 말

말할 때 말하고
침묵할 때 침묵할 줄 알지니
그러면 마음의 평온을 얻고
때를 놓치지 않게 된다네.

- 증일아함경 -

 바른 행동

남의 허물을 찾지 말고
남의 한 일과 하지 않은 일을 상관하지 말지니
다만 자신이 한 일과
하지 않은 일을 잘 살펴야 한다네.

- 법구경 -

바른 일상

연꽃이 진흙과 흙탕물에 더럽혀지지 않듯
현명한 사람은 보이는 것과 들리는 것과
인식된 것에 물들지 않는다네.

- 숫타니파타 -

 바른 노력

사람이 나쁜 행을 지었더라도
잘못을 뉘우치면 죄는 차차 엷어지나니
날마다 자신의 잘못을 뉘우쳐 고쳐나간다면
언젠가는 죄의 뿌리가 아주 없어진다네.

- 증일아함경 -

 마음챙김

마음을 잘 다스려서
부드럽고 순하고
고요함을 지니라 하네.

- 잡아함경 -

 고요

세상일에 부딪혀도 마음이 흔들리지 않고
걱정과 티가 없이 편안한 것
이것이 더없는 행복이라네.

- 숫타니파타 -

내가 나에게,
엄마가 아기에게, 하고 싶은 이야기

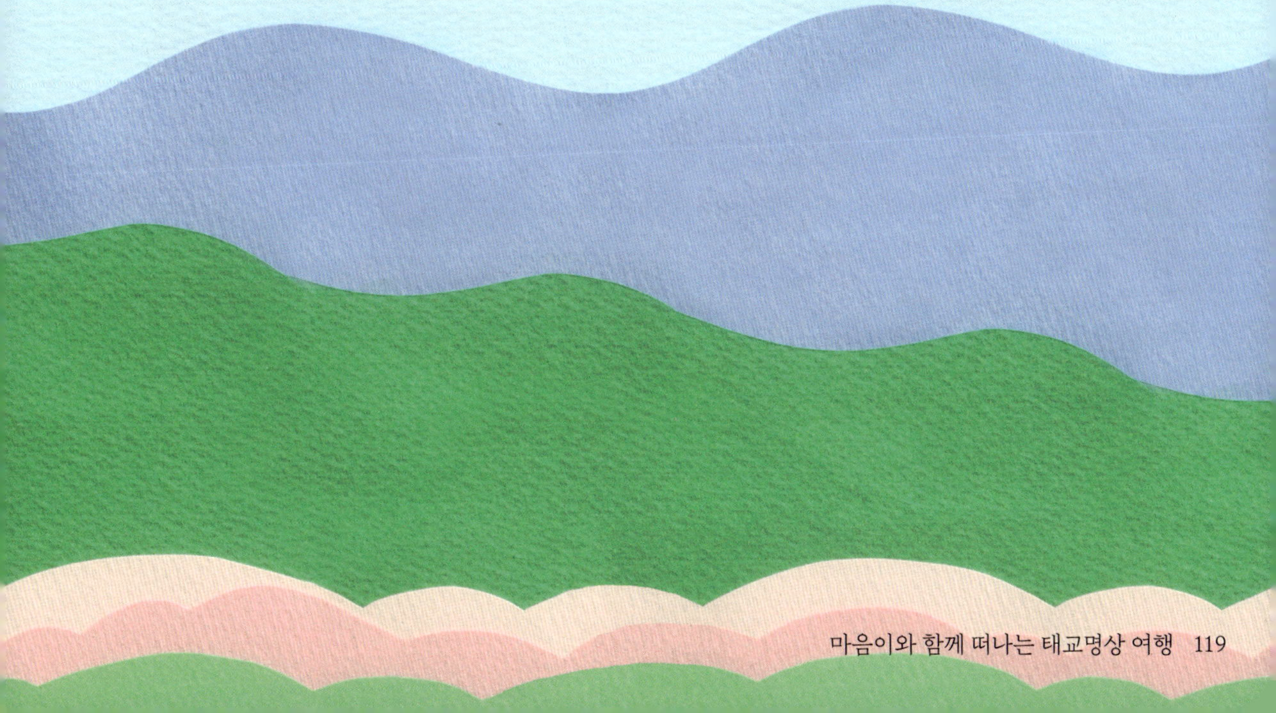

생활명상 미션

16주

아낌없이 주는 나무처럼
작은 물건이나 음식이라도 나누어 보세요.
나누는 만큼 행복도 up!

바른 지혜

재산을 잃는 것은 작은 것이니
가장 크게 잃는 것은 지혜를 잃는 것이라네.

- 증지부경 -

 바른 생각

마음은 원숭이와 같아
잠시도 그대로 있지 못하고 시시각각 움직이나니
마음은 그림을 그리는 화가와 같아
온갖 모양을 나타낸다네.

- 보적경 -

 바른 말

자신의 입을 잘 단속하고
자신의 마음을 다잡으며
몸으로 악한 행동을 하지 말지니
이 세 가지를 잘 지키는 사람은
훌륭한 사람이 걸어온 길을 가게 될 것이라네.

- 법구경 -

 바른 행동

지금 사랑하는 사람이 있다면
후회 없이 마음껏 사랑할지니
그대에게 사랑할 시간은 그리 많이 있지 않다네.

- 입보리행론 -

팔정도 진리의 말씀

 바른 일상

이익을 분에 넘치게 바라지 말지니
이익이 분에 넘치면
어리석은 마음이 생기게 되나니
그래서 부처님께서는 말씀하셨다네.
"적은 이익으로써 부자가 되어라."

- 보왕삼매론 -

 바른 노력

만약 백만 명과 싸워 이긴다 해도
자기 자신을 이기는 사람만 못하다네.

- 법구경 -

 마음챙김

깨끗한 마음으로 말과 행동을 한다면
그에 따른 행복과 보람이
그 사람을 따라다니게 된다네.

- 법구경 -

 고요

마음은 마치 파도치는 물결과 같아서
물결이 출렁일 때는 일렁이고
왜곡되어 제대로 보이지 않게 될지니
그러나 바람 한 점 없이 고요하고
맑으면 모든 것은 본래 모습을 나타내게 된다네.

- 화엄경 -

마음이와 함께 떠나는 태교명상 여행 123

내가 나에게,
엄마가 아기에게, 하고 싶은 이야기

_____
_____
_____
_____
_____
_____
_____

생활명상 미션

17주

매일 똑같이 굴러가는 하루~
여행을 떠나 보세요.
가까운 곳도 좋아요.
얽매여 괴로웠던 마음 이제 그만 내려 놓고
여행속에서 질박한 삶을 배우며 마음을 정화해 보세요.

마음이와 함께 떠나는 태교명상 여행 127

바른 지혜

몸에 병이 없기를 바라지 말 것이니
몸에 병이 없으면 탐욕이 생기기 쉽나니
그래서 부처님께서는 말씀하셨다네.
"병고로써 양약을 삼으라."

- 보왕삼매론 -

 바른 생각

나를 헐뜯는 말을 들은 뒤에 그것을 갚는다면
그 원한은 끝내 그치지 않을 것이니
약하지만 참으면 강한 것이요.
그것이 이기는 것이라네.

- 출요경 -

 바른 말

성 안내는 그 얼굴이 참다운 공양이고
부드러운 말 한마디에 미묘한 향이 날지니
깨끗해 티가 없는 진실한 그 마음이
언제나 한결같은 부처님 마음이라네.

- 문수동자 -

 바른 행동

어떤 일이든 때가 있나니
때가 채 이르기도 전에 서두르게 되면
도리어 화를 당하게 된다네.

- 백유경 -

팔정도 진리의 말씀

 ### 바른 일상

자기가 큰 힘을 가지고 있으면서
약한 자의 잘못을 참고 용서하는 것이야말로
가장 훌륭한 인욕이라네.

- 잡아함경 -

 ### 바른 노력

수행과 지혜를 갖춤은 수레의 두 바퀴와 같나니
자기도 이롭고
남도 이롭게 한다면
새의 두 날개와 같다네.

- 발심수행장 -

 ### 마음챙김

사람들의 마음은 거울과 같나니
거울에 때가 끼면 사물의 모습이 보이지 않듯
사람들의 마음에 때가 끼면
진리가 보이지 않는다네.

- 대승기신론 -

 ### 고요

칭찬을 해도 비난을 퍼부어도
마치 나무와 같이 움직이지 않는 사람
이런 사람이 진정한 성인이라네.

- 숫타니파타 -

내가 나에게,
엄마가 아기에게, 하고 싶은 이야기

생활명상 미션

18주

———

<해님 Sun 명상>
나의 소중한 인연들이 늘 건강하고, 행복하기를…
마치 해님이 조건 없이 많은 생명에게 따뜻하고 밝은 빛을 선물하듯
매일 남을 위해 기도해 보세요.

바른 지혜

커다란 바위 바람에 흔들리지 않듯이
지혜 있는 사람은 칭찬이나 비난에도
마음이 흔들리지 않는다네.

- 법구경 -

 바른 생각

원망 속에 있으면서도 원망하지 말고
근심 속에 있으면서도 근심하지 말며
욕심 속에 있으면서도 욕심을 내지 말지니
내 것이 아닌 것은 가지려 들지 말아야 한다네.

- 법구경 -

 바른 말

의미 없는 천 마디 말보다
들어서 평온해지는
의미 있는 한마디 말이 더 낫다네.

- 법구경 -

 바른 행동

지은 악한 행위를
선한 것으로 덮으면
그는 이 세상을 비추게 된다네.
구름에서 벗어난 달처럼.

- 법구경 -

팔정도 진리의 말씀

 바른 일상

남을 때리면 나도 맞게 되고
남을 원망하면 나도 원망을 받을지니
남을 꾸짖으면 나도 꾸짖음 받고
남에게 성내면 나도 성냄 받는다네.

- 법구경 -

 바른 노력

인욕으로 분노를 다스리고
선으로 악을 다스리며
베풂으로 인색함을 다스리고
진실로써 거짓을 다스려야 한다네.

- 법구경 -

 마음챙김

눈으로 보는 저 모습들
마음에 맞기도 하고 맞지 않기도 할지니
마음에 맞아도 탐욕을 내지 말고
마음에 맞지 않아도 미워하지 말아야 한디네.

- 잡아함경 -

 고요

자신의 마음이 깨끗하고 밝으면
세상 또한 깨끗하고 밝아진다네.

- 잡아함경 -

내가 나에게,
엄마가 아기에게, 하고 싶은 이야기

생활명상 미션

19주

일상 속에서 한 번은 잠깐 멈추고
숨을 깊게 들이마시고 내쉬면서…
지금, 이 순간 나의 생각과 말
그리고 행동을 있는 그대로 살펴보세요.
그동안 아무 생각 없이 행동했던 나를 관찰자가 되어 있는 그대로 바라봅니다.

 바른 지혜

지나간 것을 좇아가지 말고
오지 않는 것을 바라지도 말지니
과거는 이미 지나가 버렸고
미래는 아직 오지 않았나니
현재도 순간순간 변해 가고 있으니
'지금, 이 순간'을 잘 살도록 노력해야 한다네.

- 중부경전 -

 바른 생각

바람을 마주하여 먼지를 털면
그 먼지가 다시 자신에게로 돌아올지니
미움을 미움으로 대하면
그 미움은 반드시 자신에게로 되돌아오게 된다네.

- 잡아함경 -

 바른 말

실천이 따르는 사람의 말은
비록 그 메아리가 조용하지만
멀리 울려 퍼지게 된다네.

- 법구경 -

 바른 행동

다른 사람을 편안하게 해주는 일이
하찮게 보일지라도 그 과보는 아주 크나니
지혜로운 사람은 이런 일에서
햇살 같은 행복을 느끼게 된다네.

- 법구경 -

팔정도 진리의 말씀

 바른 일상

진실로 자신을 사랑한다면
악행을 멀리하고 선행을 쌓아야 한다네.

- 잡아함경 -

 바른 노력

빛깔이 곱지만 향기가 없는 아름다운 꽃처럼
잘 설해진 말도 행하지 않는 사람에게는
열매가 없다네.

- 법구경 -

 마음챙김

귀로 듣는 저 소리들
기억하고 싶은 것도 있고
기억하고 싶지 않은 것도 있을지니
기억하고 싶어도 즐거워하며 집착하지 말고
기억하고 싶지 않아도 미워하지 말아야 한다네.

- 잡아함경 -

 고요

세상일에 부딪혀도 마음이 흔들리지 않고
걱정과 티가 없이 안온한 것이
위 없는 행복이라네.

- 숫타니파타 -

내가 나에게,
엄마가 아기에게, 하고 싶은 이야기

생활명상 미션

20주

지나간 감정에 아직도 괴로워하고 있나요?
구름에 달 가듯 머무르지 않는 Cool~한 마음을 연습해 보세요.
물이 흘러야 썩지 않고, 정화되듯이…

 바른 지혜

자신을 등불 삼고 자신을 의지처로 삼으며
진리를 등불 삼고 진리를 의지처로 삼아서
이 밖에 다른 것에 의지해서는 안 된다 하시네.

- 아함경 -

바른 생각

내 것이라고 집착하는 마음이
갖가지 괴로움을 일으키는 근본이 되나니
온갖 것에 대해 취하려는 생각을 갖지 않는다면
마음이 편안하여 마침내 근심이 없어진다네.

- 화엄경 -

 바른 말

깨끗한 마음으로 말과 행동을 하면
그에 따른 행복과 보람이
그 사람을 따라다니게 된다네.

- 법구경 -

 바른 행동

마음속에 태산 같은 자부심을 갖되
그 태도는 항상 누운 풀처럼
자기를 낮추어야 한다네.

- 잡보장경 -

팔정도 진리의 말씀

 바른 일상

이 세상에서 가장 으뜸가는 재산은 믿음이고
덕행을 쌓게 되면 행복이 찾아오며
진실이야말로 최고의 맛이고
지혜롭게 사는 것이야말로 최상의 생활이라네.

- 법구경 -

 바른 노력

참회는 마땅히 번뇌의 숲을 태우며
참회는 마땅히 천상으로 가게 하며
참회는 마땅히 보배를 얻게 한다네.

- 심지관경 -

 마음챙김

코로 맡는 저 냄새들
향기롭기도 하고 지독하기도 할지니
향기에 탐욕을 내지 말고
악취에 언짢아하지도 말아야 한다네.

- 잡아함경 -

 고요

오늘을 중실히 살고 있을 때
삶은 생기에 넘쳐 맑아진다네.

- 중대가전연일야현자경 -

내가 나에게,
엄마가 아기에게, 하고 싶은 이야기

아빠가 아가에게,
들려주고픈 이야기

생활명상 미션

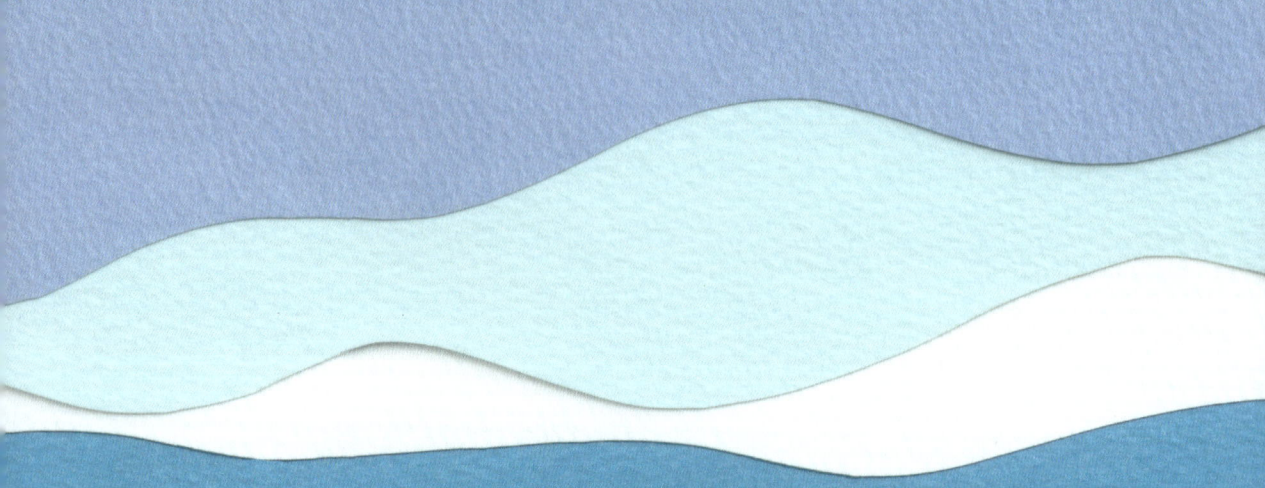

21주

고귀한 사람이 되고 싶나요?
남이 했던 멋진 일에 함께 기뻐하는 마음을 연습해 보세요.
남이 했던 멋진 일을 함께 기뻐하는 것도 큰 공덕이 됩니다.

마음이와 함께 떠나는 태교명상 여행   153

 바른 지혜

온갖 번민은
허망한 욕심에서 시작된다네.

- 열반경 -

 바른 생각

몸은 땅과 같고 착한 생각은 벼와 같으며
악한 생각은 풀과 같나니
풀을 베지 않으면
잘 익은 벼를 수확할 수 없듯이
악한 생각을 버리지 않으면
깨달음을 얻을 수 없다네.

- 아함경 -

 바른 말

입으로는 성스러운 말을 곧잘 하지만
그것을 전혀 행동으로 옮기지 않는다면
이런 무지한 사람은
결코 저 성스러운 삶을 누릴 수 없다네.

- 법구경 -

 바른 행동

항상 마음을 잘 다스리고
말과 행동을 조심하는 사람은
비록 어려운 일을 만나도
괴로워하는 일이 없다네.

- 소부경전 -

팔정도 진리의 말씀

 바른 일상

온 누리 모든 생명에게 큰 자비심을 내어
사랑을 실천하고 그들을 편안하게 하는 것이
가장 행복한 삶이라네.

- 법구경 -

 바른 노력

내 허물을 가려 꾸짖어 주는
현명한 사람을 믿고 따라갈지니
그는 보물이 묻혀 있는 땅으로
가난한 나를 이끌어 주는 위대한 은인이라네.

- 법구경 -

 마음챙김

여러 가지 음식에 맛있는 것도 있고
맛없는 것도 있을지니
좋은 맛에도 탐욕을 내지 말고
나쁜 맛에도 가리지 말아야 한다네.

- 잡아함경 -

 고요

지금 후회하고 뒤에도 후회하니
악한 일을 하면 지금도 나중도 모두 후회한다네.
그것은 스스로 재앙을 짓는 것이니
벌을 받아 큰 괴로움 있다네.

- 법구비유경 -

내가 나에게,
엄마가 아기에게, 하고 싶은 이야기

_____
_____
_____
_____
_____
_____
_____
_____
_____
_____

생활명상 미션

22주

아름다워지고 싶나요?
아름다운 마음과 행동을 연습해 보세요.

바른 지혜

사람들은 흔히 깨끗하고 더러운 것을 가리지만
모든 사물의 본성은
깨끗한 것도 더러운 것도 없나니
단지 우리 마음이 집착으로 인하여
깨끗한 것을 가까이하고
더러운 것을 멀리할 뿐이니
그러므로 집착하는 마음을 떠나면
모든 존재는 깨끗해진다네.

- 대품반야경 -

바른 생각

사람의 마음은
생각하는 쪽으로 기울어지기 쉽나니
탐욕을 생각하면 탐욕스러운 마음이 일어나고
분노를 생각하면 분노하는 마음이 일어나며
어리석음을 생각하면
어리석은 마음이 일어난다네.

- 잡아함경 -

바른 말

사랑스럽고 빛이 아름다우며
은은한 향기를 내뿜는 꽃이 있듯이
실천이 따르는 사람의 말은
그 메아리가 크게 울리게 된다네.

- 법구경 -

바른 행동

무슨 일이든지
앞과 뒤의 순서가 반드시 있기 마련이니
순서를 정해 항상 미리 준비한다면
당황하거나 허둥대는 일이 결코 없다네.

- 본생경 -

팔정도 진리의 말씀

🪷 바른 일상

사회라는 것은 그곳에 참다운 지혜가 빛나서
서로 알고 돕고 화합하는 집단이니
화합은 가정과 사회와 모든 집단의 생명이라네.

- 열반경 -

🪷 바른 노력

이 세상의 복이란
자신의 행위에서 오는 결과일 뿐
결코 신이 내려주는 것이 아니라네.

- 아난문사불길흉경 -

🪷 마음챙김

즐거운 감촉에 부딪혀도 빠져들지 말고
괴로운 감촉에 부딪혀도
싫어하는 생각 내지 말아야 한다네.

- 잡아함경 -

🪷 고요

나 자신을 안정시킬지니
조련사가 말을 조련시키듯.
나 자신을 안정시키고 침착하게 행동하면
괴로움에서 벗어나 행복의 땅에 도달하게 된다네.

- 소부경전 -

내가 나에게,
엄마가 아기에게, 하고 싶은 이야기

_____
_____
_____
_____
_____
_____
_____
_____
_____
_____
_____

생활명상 미션

23주

이번 주는 성철 큰스님의 가르침이 담긴 명상 미션을 드립니다.
자기를 바로 봅시다.
남을 위해 기도합시다.
남모르게 남을 도웁시다.

☁ 바른 지혜

집착하는 까닭에 탐심이 생기고
탐심이 생기는 까닭에 얽매이게 되며
얽매이는 까닭에 생로병사와
근심, 슬픔, 괴로움과 같은
갖가지 번뇌가 뒤따르는 것이라네.

- 열반경 -

☁ 바른 생각

살아있는 것들은 모두 다 행복하라!

- 숫타니파타 -

☁ 바른 말

거짓말의 칼은 스스로의 혀를 베니
어찌 혀가 떨어지지 않겠는가.
거짓말을 하면
진실의 공덕을 잃게 된다네.

- 정법염처경 -

☁ 바른 행동

베풂은 중생을 위한 복의 그릇이니
보시의 공덕을 생각하거든
기쁘고 즐거운 마음을 내야 한다네.

- 증일아함경 -

팔정도 진리의 말씀

바른 일상

생명이 존재하는 모든 것에게
늘 사랑을 베풀고 노여움을 일으키지 않는다면
언제나 장수를 누리고
편히 잠들어 악몽을 꾸지 않을 것이라네.

- 대방편불보은경 -

바른 노력

방일하지 말고
바른 삶을 살아갈지니
바른 삶을 사는 사람은
이 세상과 저 세상에서
행복하게 살아간다네.

- 법구경 -

마음챙김

마음이 세상을 유지하고
마음이 세상을 이끌고 가나니
마음이 하나의 법이 되어 세상을 제어한다네.

- 잡아함경 -

고요

세상살이에 뒤섞일 때도 마음이 흔들리지 않고
슬픔과 더러움에서 벗어나서 안정되어 있는 것
이것이 더없는 행복이라네.

- 숫타니파타 -

내가 나에게,
엄마가 아기에게, 하고 싶은 이야기

생활명상 미션

24주

지금 화가 났나요?
말하기 전에 심호흡 한 번 길게 하고 말해보세요.
잠시 그 장소를 떠나서 걸어보는 것도 도움이 될 수 있어요.
호흡하고 걸으며 마음 정화하기!
다시 대화를 시도해 보세요.
그러면 상대방이 절대 상처받지 않을 겁니다.

바른 지혜

녹은 쇠에서 생겨난 것이지만
차차 쇠를 먹어버리게 되나니
이와 마찬가지로 그 마음이 옳지 못하면
무엇보다도 그 옳지 못한 마음은
사람 자신을 먹어버리게 된다네.

- 법화경 -

 바른 생각

남이 내 뜻대로 순종해 주기를 바라지 말 것이니
남이 내 뜻대로 순종해 주면
마음이 교만해지나니
그래서 부처님께서는 말씀하셨다네.
"내 뜻에 맞지 않는 사람들로써 숲을 삼으라."

- 보왕삼매론 -

 바른 말

상대방에게 욕하고 비방하면
그 허물은 도리어 자신에게 돌아올지니
마치 흙을 상대방에게 끼얹더라도
역풍에 도리어 자신이
뒤집어쓰는 것과 같다네.

- 잡아함경 -

 바른 행동

다른 사람의 선행을 보게 되면
복을 축원하고 함께 기뻐하는 것이
보시하는 것과 같다네.

- 인과경 -

팔정도 진리의 말씀

 바른 일상

해서 안 될 일을 하면
반드시 고뇌와 번민이 따르게 된다네.

- 법구경 -

 바른 노력

참을 수 없음을 참는 것이 참다운 참음이요
참을 수 있음을 참는 것은 보통 참음이니
약한 이에 대해서도 참고
부귀하고 강하여도 겸손하고 참아야 한다네.

- 잡보장경 -

 마음챙김

칼을 갈 때는 숫돌을 쓰고
화살을 바로잡을 때는 불에 구우며
재목을 다룰 때는 도끼를 쓰고
자신을 다룰 때는 지혜를 써야 한다네.

- 잡아함경 -

 고요

깨달은 사람은 온 세상을 마음속에 담아도
그 마음속은 항상 여유가 있다네.

- 법구경 -

내가 나에게,
엄마가 아기에게, 하고 싶은 이야기

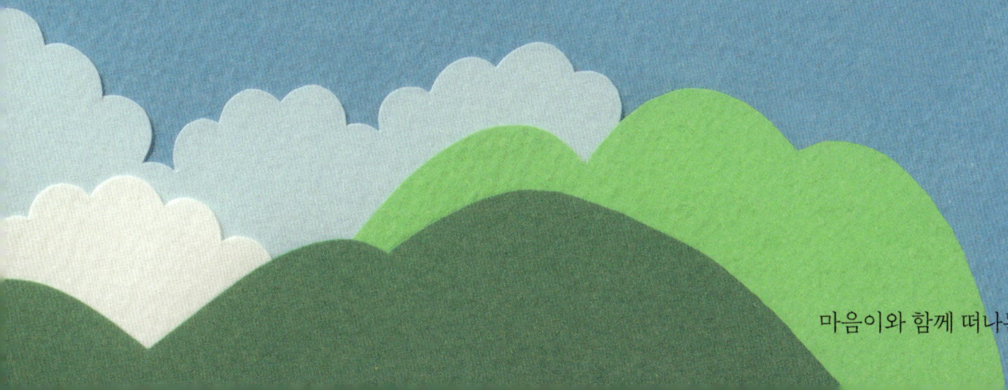

생활명상 미션

25주

<참회 명상>
잘못된 행동을 했을 땐 Cool~ 하게 반성해 보세요.
옴 살바 못자 모지 사다야 사바하.
옴 살바 못자 모지 사다야 사바하.
옴 살바 못자 모지 사다야 사바하.
미안합니다.

바른 지혜

얼굴이 예쁘고 날씬하다고 해서
미인이라고 할 수 없나니
미인은 오직 마음이 단정하여
남으로부터 흠모받는 자를 미인이라고 한다네.

- 옥야경 -

 ### 바른 생각

마치 어머니가 목숨을 걸고 외아들을 보호하듯
살아있는 모든 생명에 대해
한량없는 자비심을 일으켜야 한다네.

- 숫타니파타 -

 ### 바른 말

항상 부드러운 말을 하고
사람을 칭찬하며
말과 행동이 서로 맞으면
몸과 마음을 해치지 않나니
비유하면 꽃이 좋은 나무는
열매도 맛이 좋은 것과 같다네.

- 수행도지경 -

 ### 바른 행동

진실로 자신을 사랑하거든
악행을 멀리하고 선행을 쌓아야 한다네.

- 잡아함경 -

팔정도 진리의 말씀

 바른 일상

베풂은 널리 평등하게 골고루 하되
좋고 나쁨을 가리지 않아야 한다네.

- 법구경 -

 바른 노력

사랑하는 마음을 닦으면
탐욕을 끊을 수 있고
연민하는 마음을 닦으면
증오심을 끊을 수 있다네.

- 열반경 -

 마음챙김

지혜로운 사람은 인색하거나 성내지 않고
어리석지 않으며
위험이 닥쳐와도 두려워하지 않고
자신의 이익을 위해 남을 모함하지 않으며
항상 중도에 있다네.

- 잡보장경 -

 고요

거친 세상일에 부딪혀도
마음이 흔들리지 않고
걱정과 티가 없어 안온한 것
이것이 더없는 행복이라네.

- 숫타니파타 -

내가 나에게,
엄마가 아기에게, 하고 싶은 이야기

_____
_____
_____
_____
_____
_____
_____
_____

생활명상 미션

26주

<감사 명상>
나에게 도움을 주거나 귀한 선물을 받았다면
그분을 위해 기도해 주세요.
옴 아리야 승하 사바하.
옴 아리야 승하 사바하.
옴 아리야 승하 사바하.
고맙습니다.

바른 지혜

마음은 환상과 같아
허망한 분별에 의해 여러 가지 형태로 나타나고
마음은 바람과 같아
붙잡을 수도 모양을 볼 수도 없으며
마음은 흐르는 강물과 같아
멈추지 않고 거품처럼 이내 사라진다네.

- 보적경 -

 ### 바른 생각

건강은 자신에게 가장 큰 이익이 되고
만족은 최고의 재산이 된다네.

- 법구경 -

 ### 바른 말

언변 때문에 또는 용모의 아름다움에 의해서
시기하고 탐욕스럽고 교활한 사람이
존경할 만한 사람이 되는 것은 아니라네.

- 법구경 -

 ### 바른 행동

작은 은혜라도 반드시 갚을 것을 생각하고
자기를 원망하더라도
항상 착한 마음을 가져야 한다네.

- 우바새계경 -

팔정도 진리의 말씀

 바른 일상

사람이 세상을 살아감에
허물이 있을지라도
곧 스스로 그것을 고쳐간다면
그는 정말 훌륭한 사람이라네.

- 증일아함경 -

 바른 노력

씨를 심지 않으면 열매를 얻지 못하나니
또한 씨를 뿌리는 마음을 올바르게 가지면
당신의 행복은 스스로 찾아오게 된다네.

- 견의경 -

 마음챙김

지혜로운 사람은 벙어리처럼 침묵을 지키고
왕처럼 위엄 있게 가르치며
눈처럼 차고 불꽃처럼 뜨거우며
수미산처럼 높고 크며
쓰러진 풀처럼 겸손하다네.

- 잡보장경 -

 고요

몸의 행을 일으키고 멸함은
모두 마음의 힘 때문이니
마음을 여의면 몸은 고목과 같고
마음을 길들이면 몸은 저절로 바르게 된다네.

- 불소행찬 -

내가 나에게,
엄마가 아기에게, 하고 싶은 이야기

_____
_____
_____
_____
_____
_____
_____
_____
_____
_____

생활명상 미션

27주

<행복 명상>
성운대사의 가르침을 담은 '행복해지는 세 가지 행동', 들어 보셨나요?
하나, 혼자 있을 때는 좋은 생각을 해보세요.
둘, 둘이 있을 때는 좋은 대화를 해보세요.
셋, 셋 이상 있을 때는 좋은 일을 해보세요.

 바른 지혜

큰길가에 버려진 쓰레기 무더기에서도
연꽃의 향기는 생겨나서
길 가는 이의 마음을 기쁘게 하는 것과 같이
눈먼 중생 가운데 바로 깨우친 사람은
지혜에 의해서 찬란하게 빛나게 된다네.

- 화엄경 -

 바른 생각

그것이 복이 되지 않을 것이라 해서
조그마한 선을 가벼이 여기지 말지니
한 방울의 물이 모여 큰 강물을 이루듯이
세상의 행복도 작은 선이 모여 이루어진다네.

- 법구경 -

 바른 말

말을 많이 한다고 해서
그로 인해 지혜로운 사람인 것은 아니라네.
평온하고, 증오가 없고, 두려움이 없는 사람
그는 지혜로운 사람이라 불린다네.

- 법구경 -

 바른 행동

덕과 지혜를 갖추어 바르게 행동하고
진실을 말하고 자기 의무를 다하는 사람은
이웃에게서 사랑을 받게 된다네.

- 법구경 -

팔정도 진리의 말씀

 바른 일상

스스로 겸손하여 잘 참는 사람은
마음이 고요하고 행실도 바르나니
좋은 말은 채찍을 받지 않듯이
비난과 모함도 받지 않게 된다네.

- 법구경 -

 바른 노력

사람이 선행을 자주 하고 덕을 쌓으며 살아가고
즐거운 마음으로 좋은 일을 하면
행복은 저절로 오게 된다네.

- 법구경 -

 마음챙김

이 세상에서 어머니에 대한 공경은 행복이고
또한 아버지에 대한 공경은 행복이며
이 세상에서 사문에 대한 공경은 행복이고
또한 성자에 대한 공경은 행복이라네.

- 법구경 -

 고요

마음이 산란하여 안정되지 않으면
듣고 사유하고 관찰할지니
그릇에서 물이 새면
물은 채워지지 않는다네.

- 보리행경 -

내가 나에게,
엄마가 아기에게, 하고 싶은 이야기

생활명상 미션

28주
———

<행복 명상>

오늘의 날씨를 알고 싶나요?

아침에 나의 표정이 그날의 기상대입니다.

활짝 웃는 얼굴로 하루를 열어보세요.

바른 지혜

진리를 보는 자는 마치 횃불을 들고
캄캄한 방에 들어간 것과 같나니
어둠은 곧 없어지고 밝음이 나타난다네.

- 사십이장경 -

 바른 생각

친구를 사귀되 내가 이롭기를 바라지 말지니
내가 이롭고자 한다면 의리를 상하게 되나니
그래서 부처님께서는 말씀하셨다네.
"순결로써 사귐을 길게 하라."

- 보왕삼매론 -

 바른 말

말의 성냄을 다스리고
말로써 절제하며
말의 악행을 버리고
말로써 선행해야 한다네.

- 법구경 -

 바른 행동

보살은 자신을 낮추고
남에게 은혜를 베풀되 겸양하여
사람들로 하여금
겸손을 터득하게 해준다네.

- 수호국계추경 -

팔정도 진리의 말씀

 바른 일상

깨끗한 행동을 갖추려면
모든 생명을 사랑하고
모든 생명을 불쌍히 여기며
모든 생명에게 기쁨을 주고
모든 생명에 보시하는
네 가지 한량없는 마음을 닦아야 한다네.

- 열반경 -

 바른 노력

아무리 보잘것없는 선행이라도 행한다면
그것은 마치 곡식이 창고에 쌓이는 것과 같아서
반드시 미래의 안락과 행복을 가져오게 된다네.

- 소부경전 -

 마음챙김

일이 생겼을 때 벗들이 있음은 행복이고
모든 면에서 만족이 행복이며
생의 마지막에 공덕이 행복이고
모든 괴로움의 소멸이 행복이라네.

- 법구경 -

 고요

소가 물을 마시면 우유가 되고
뱀이 물을 마시면 독이 되듯이
지혜롭게 배우면 깨달음 이루고
어리석게 배우면 세속 나고 죽는다네.

- 화엄경 -

마음이와 함께 떠나는 태교명상 여행

내가 나에게,
엄마가 아기에게, 하고 싶은 이야기

생활명상 미션

29주

우리는 너무나 자주 하는 말이 있습니다.
"스트레스 받아!"
스트레스는 나의 욕망이 높아질 때 비례하게 되지요.
지금 스트레스 받고 있다면
내가 무엇을 탐착하고 있는지 바로 보세요.
하나씩 놓아 버리면 스트레스도 줄어듭니다.

바른 지혜

탐욕, 그것은 마음을 속박하고
탐욕, 그것은 마음을 이리저리 휘몰아치며
탐욕, 그것은 사람들로 하여금 오래도록
미혹한 생을 떠돌게 하나니
이보다 더한 속박은 없다네.

- 본사경 -

 바른 생각

덧없는 생각 부질없는 생각을 끊을지니
그러면 마음이 넉넉하고 편안해진다네.

- 잡아함경 -

 바른 말

진실을 말하고 성내지 말며
조금 있더라도 청하는 사람에게 베풀지니
이 세 가지에 의해 그는 신들의 곁으로 간다네.

- 법구경 -

 바른 행동

모든 악을 짓지 말고
모든 선을 받들어 널리 행하여
그 뜻을 스스로 맑게 할지니
이것이 모든 부처님의 가르침이라네.

- 증일아함경 -

팔정도 진리의 말씀

 바른 일상

선악의 결과는 메아리와 같고
그림자와 같나니
그러므로 함부로 업을 지어
괴로움을 불러들이지 말아야 한다네.

- 니건자경 -

 바른 노력

선을 다스리고 언제나 자제하며
자신을 이기는 자가
다른 사람을 이기는 자보다 낫다네.

- 법구경 -

 마음챙김

몸에 대한 마음챙김을 항상 잘 실천하고
하지 말아야 할 것은 하지 않으며
해야 할 것은 끈기 있게 하고
주의 깊고 알아차리는 사람들에게
번뇌는 사라진다네.

- 법구경 -

 고요

소리에 놀라지 않는 사자와 같이
그물에 걸리지 않는 바람과 같이
흙탕물에 더럽히지 않는 연꽃과 같이
무소의 뿔처럼 혼자서 가라 하네.

- 숫타니파타 -

내가 나에게,
엄마가 아기에게, 하고 싶은 이야기

생활명상 미션

30주

<식탁 위 감사 명상>

식탁 앞에 있는 음식들의 소중함을 아시나요?
식탁 위 감사 명상을 정성스럽게 해보세요.
밥을 먹는다는 것은 소중한 우주의 은혜를 입는 일입니다.
"이 음식이 어디서 왔나.
우리가 먹는 음식은 땅, 물, 태양, 바람이 이루어낸 소중한 생명의 열매라네.
이 음식이 식탁 위에 오기까지 애써 주신 모든 분들께 감사합니다.
오늘도 우리 가족이 이 소중한 음식으로 몸과 마음이 건강하고,
행복해지길 바랍니다.
또한 나의 뱃속 소중한 생명의 세포 하나하나가
맑고 건강하게 자랄 수 있도록
정성스러운 마음으로 이 음식을 먹겠습니다."

바른 지혜

과거를 지워 버리고
미래에 끌려가지 말며
지금 현재에도 너무 집착하지 말지니
그러면 당신의 마음은 지극히 평온해질 것이라네.

- 숫타니파타 -

 ### 바른 생각

존경과 겸손, 만족과 감사할 줄 아는 마음
그리고 진리의 가르침을 듣는 것
이것이 진정한 행복이라네.

- 숫타니파타 -

 ### 바른 말

누구에게도 거칠게 말하지 말지니
뱉은 말은 그대에게 되돌아오니
다툼의 말은 참으로 괴로워서
보복의 매가 그대를 때린다네.

- 법구경 -

 ### 바른 행동

어른을 존경하고 어진 이를 받들며
가르침을 받으면
오래 살고 아름다워지며
정신과 육체가 건강해진다네.

- 법구경 -

 ### 바른 일상

말과 행동과 생각하는 바가
그 누구에게도 거슬리지 않는 사람
남들이 존경해도 우쭐대지 않고
남들이 비난해도 흔들리지 않는 사람
그는 이 세상에서
가장 올바른 삶을 살고 있는 사람이라네.

- 숫타니파타 -

 ### 바른 노력

사랑을 실천할지니
넓은 사랑으로 모든 생명을 구하면
좋은 일이 생겨 항상 행복하다네.

- 법구비유경 -

마음챙김

다른 사람에게 고통을 줌으로써
자신의 행복을 구하는 사람은
증오의 속박에 얽혀서
증오에서 벗어나지 못한다네

- 법구경 -

 고요

성내는 마음을 없애면 안온하고
성내는 마음을 없애면 후회가 없나니
성냄을 없애면 모든 부처님께서 칭찬하시고
성냄을 없애면 근심이 없어진다네.

- 대지도론 -

내가 나에게,
엄마가 아기에게, 하고 싶은 이야기

아빠가 아가에게,
들려주고픈 이야기

생활명상 미션

31주

때로는 이유도 모른 채 너무나 분주한 나를 발견합니다.
생활 속에서 가끔은 '그대로 멈춰라.'
멈추면 비로소 보이는 소중함을 찾아보세요.

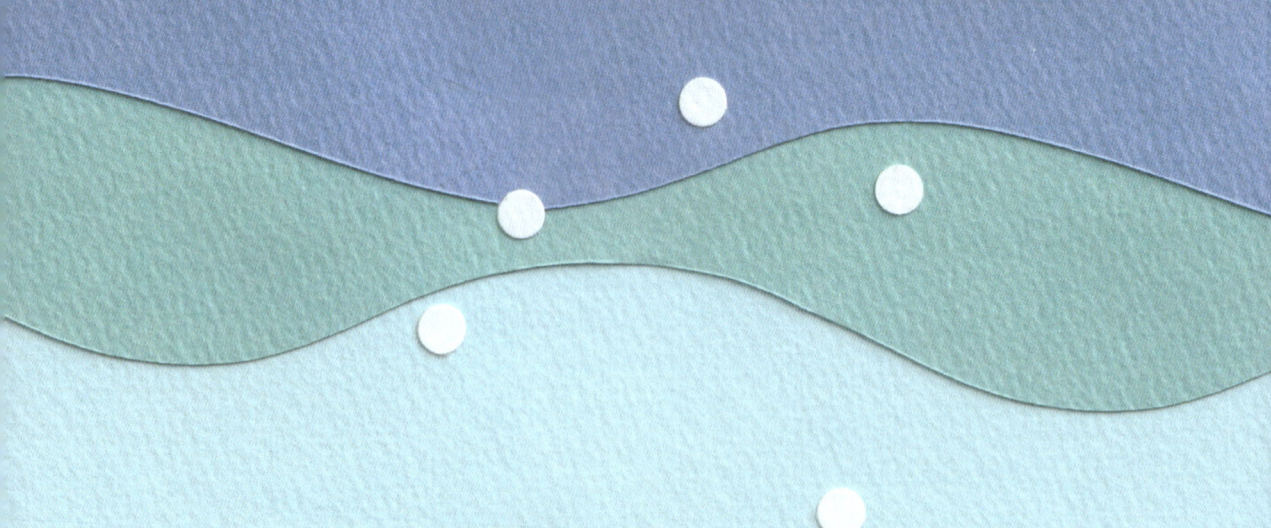

 바른 지혜

탐욕을 채우려고 한다면
목마를 때 소금물을 마시는 것과 같이
갈증만 더할 뿐이니
탐욕을 없앤다면
괴로움은 저절로 없어지게 된다네.

- 성실론 -

 바른 생각

하늘이 칠보를 비처럼 내려도
욕심은 오히려 배부를 줄 모르게 되나니
즐거움은 잠깐이라네.

- 법구경 -

 바른 말

존경을 표하는 습관이 있고
웃어른을 항상 존경하는 사람에게
수명, 아름다움, 행복, 강건함의
네 가지가 증가한다네.

- 법구경 -

 바른 행동

원수를 대하면서도 분노를 갖지 않는다면
그는 세세생생 안락할 수 있다네.

- 보리행경 -

팔정도 진리의 말씀

 바른 일상

인간은 애욕 속에서 홀로 태어났다가
홀로 죽어 가나니
자신이 지은 선악의 행위에 의해
즐거움과 괴로움의 세계에 이르게 될지니
자신이 지은 행위의 과보는
그 누구도 대신할 수 없다네.

- 무량수경 -

 바른 노력

쉬지 않고 계속하면
목적한 일은 마침내 반드시 이루어진다네.
저 시냇물이 흘러 흘러 마침내 바다로 가듯이.

- 법구경 -

 마음챙김

만일 작은 행복을 버림으로써
큰 행복을 본다면
지혜로운 사람은 큰 행복을 보면서
작은 행복을 버려야 한다네.

- 법구경 -

 고요

선을 가볍게 생각하지 말지니
물방울이 떨어져 물 단지가 가득 차듯이
지혜로운 자는
조금씩 조금씩 쌓아 선으로 가득 채운다네.

- 법구경 -

내가 나에게,
엄마가 아기에게, 하고 싶은 이야기

_____
_____
_____
_____
_____
_____
_____
_____
_____

생활명상 미션

32주

<용서 명상>
미운 사람을 용서하기란 결코 쉽지 않죠.
고대 하와이인들의 지혜가 담긴 용서와 화해법이 있습니다.
따라해 보세요.
미안합니다.
용서하세요.
고맙습니다.
사랑합니다.

 바른 지혜

어리석은 사람은 오직 남의 악(惡)만 볼 뿐
자신의 악은 볼 줄 모르나니
어리석은 사람은 자기의 선(善)만 볼 뿐
남의 선을 볼 줄 모른다네.

- 법률삼매경 -

 바른 생각

과거에 끄달리지도 말고
미래를 걱정할 필요도 없나니
오직 오늘의 한 생각만을 굳게 지켜보라네.

- 법구경 -

 바른 말

의미 없는 백 편의 시구를
말하는 것보다
들어서 평온해지는
한 마디 진리의 말씀이 더 낫다네.

- 법구경 -

 바른 행동

인색과 탐욕은 가난의 문이 되고
보시는 행복의 문이 된다네.

- 문수사리정률경 -

팔정도 진리의 말씀

 바른 일상

보시의 공덕은 이루 헤아릴 수 없나니
보시하면 큰 지혜를 얻게 되고
의약을 보시하면 질병의 공포에서 벗어나게 되며
등불을 보시하면 항상 눈이 밝아지게 되고
음악을 보시하면 목소리가 아름다워진다네.

- 육취윤회경 -

 바른 노력

백 년을 살지라도
게을러서 정진하지 않는다면
하루를 살더라도
부지런히 노력하며 정진함만 못하다네.

- 법구경 -

 마음챙김

명상으로부터 지혜가 생길지니
명상이 없으면 지혜가 상실된다네.
얻음과 잃음의 이 두 길을 알고
지혜가 증가하도록
자기 자신을 처신하여야 한다네.

- 법구경 -

 고요

공덕을 지었다면
되풀이해서 그것을 행할지니
그것에 대한 열망을 일으키라 하네.
행복은 공덕의 누적이라네.

- 법구경 -

여기 나에게
엄마가 자기에게 하고 싶은 이야기

생활명상 미션

33주

푸르른 숲길을 걸으며,
내가 원하는 멋진 엄마의 모습을 그려봅니다.
마음은 무엇이든 그리는 화가와 같습니다.

바른 지혜

바른 견해를 배워 불어나도록 힘쓰면
이것이 세간의 등불이 되고
몇 천 배의 복이 생겨
마침내 나쁜 길에 떨어지지 않으리.

- 법구경 -

 바른 생각

자신을 고귀하다고 생각하는 사람은
남을 해쳐서는 안 된다네.

- 잡아함경 -

팔정도 진리의 말씀

 ### 바른 말

모든 것은 마음에서 만들어지나니
만일 깨끗한 마음으로 말하거나 행동하면
그로 인해 행복이 그를 따른다네.
그림자가 떠나지 않듯이.

- 법구경 -

 ### 바른 행동

내가 죽음을 싫어하는 것처럼
생명을 지닌 모든 것들은 죽음을 싫어하니
남의 생명을 빼앗아서는 안 될지니
이와 같이 살생하지 않는다면
진리에 도달할 수 있다네.

- 대방편불보은경 -

 ### 바른 일상

마음속에 바라는 것은 같으나
땀 흘려 노력하는 사람만이
그것을 얻을 수 있다네.

- 별역잡아함경 -

 ### 바른 노력

자애로써 분노를 이기고
선으로써 악을 이기며
베풂으로써 인색한 자를 이기고
진실로써 거짓말쟁이를 이기라 하네.

- 법구경 -

 ### 마음챙김

깊은 호수가 맑고 고요하듯이
지혜로운 사람은 가르침을 듣고 고요해진다네.

- 법구경 -

 ### 고요

고요함을 밖에서 찾지 말고
자신의 안에서 찾아야 한다네.

- 숫타니파타 -

**내가 나에게,
엄마가 아기에게, 하고 싶은 이야기**

_____

_____

_____

_____

_____

_____

_____

생활명상 미션

34주

습관은 그 사람의 인생이 됩니다.
멋진 인생을 만들어줄
나만의 새로운 습관 하나를
만들어보세요.
좋은 생각, 예쁜 말, 멋진 행동,
나의 좋은 습관이
아기의 멋진 인생을 만들어 주는
씨앗이 될 수 있습니다.

바른 지혜

번뇌가 가시나무숲이라면
지혜는 날카로운 도끼일지니
어리석음과 탐욕이 흐르는 물이라면
지혜는 달이라네.

- 불본행경 -

 바른 생각

은혜로운 마음으로 베풀어 쌓은
마음의 창고는 끝내 무너지지 않는다네.

- 아함경 -

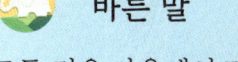

바른 말

모든 것은 마음에서 만들어지나니
만일 나쁜 마음으로 말하거나 행동하면
그로 인해 괴로움이 그를 따른다네.
수레바퀴가 끄는 소의 발자국을 따르듯이.

- 법구경 -

바른 행동

천한 행동을 하면 천해지고
존귀한 행동을 하면 존귀하게 되나니
가난한 행동을 하면 가난해지고
부유한 행동을 하면 부유해진다네.

- 앵무경 -

바른 일상

침착하고 사려 깊은 사람은
몸과 말, 마음을 조심하나니
그들은 모든 일을 신중히 행하면서
괴로움이 없는 불사(不死)의
경지를 향하게 된다네.

- 소부경 -

바른 노력

실천이 따르는 사람의 말은
비록 그 메아리가 조용하지만
멀리 울려 퍼진다네.

- 법구경 -

마음챙김

지붕이 잘 이어진 집에
비가 새지 않듯이
이처럼 잘 수행된 마음에
욕망은 스며들지 않는다네.

- 법구경 -

고요

단단한 바위가 바람에 움직이지 않듯이
이처럼 지혜로운 사람들은
칭찬과 비난에 흔들리지 않는다네.

- 법구경 -

내가 나에게,
엄마가 아기에게, 하고 싶은 이야기

생활명상 미션

35주

선물을 꼭 다른 사람을 위해 줘야만 하나요?
나에게 특별한 선물을 직접 해 보는 건 어떨까요?
예쁜 꽃, 향긋하고 맛있는 차 한 잔, 귀여운 인형…
내가 좋으면 아기도 함께 행복할 거예요.

바른 지혜

사람의 마음을 덮어 어리석게 하는 것은
애착과 탐욕이라네.

- 사십이장경 -

 바른 생각

욕심이 적은 사람은 언제나 마음이 평화로와
근심과 걱정, 두려움이 없고
욕심이 적은 사람은 어떤 일을 당해서도
항상 마음이 너그럽고 여유가 있나니
해탈은 욕심이 적은 사람에게 찾아오게 된다네.

- 유교경 -

 바른 말

나쁜 말로 남을 욕하고 꾸짖으며
교만한 마음으로 사람을 업신여기는
이런 생각이 자꾸 일어나면
괴롭고 원망하는 마음이 생긴다네.

- 법구비유경 -

 바른 행동

천한 사람은 천박한 행동을 하고
귀한 사람은 고귀한 행동을 하게 되나니
그 사람의 행동에 따라서 천한 사람도 될 수 있고
귀한 사람도 될 수 있는 것이라네.

- 유행경 -

바른 일상

꽃향기는 바람을 거슬러 흐르지 못하나니
그러나 착한 사람에 대한 칭찬은
바람을 거슬러 세상에 전해지게 된다네.

- 법구경 -

 바른 노력

마치 아름답기 그지없는 저 꽃이
빛깔은 고우나 향기가 없듯
아무리 좋고 아름다운 말도
행하지 않으면 얻을 것이 없다네.

- 법구경 -

 마음챙김

지붕이 부실하게 이어진 집에
비가 스며들 듯이
이처럼 수행되지 않은 마음에
욕망이 스며든다네.

- 법구경 -

 고요

꽃향기는 바람을 거슬러 가지 않으나
덕이 높은 사람의 향기는 바람을 거슬러 가나니
그의 향기는 온 사방에 퍼진다네.

- 법구경 -

내가 나에게,
엄마가 아기에게, 하고 싶은 이야기

생활명상 미션

36주

<자기 확언 명상>
나와 아기는 건강하고 평온합니다.
내가 먹은 청정한 음식은
나와 우리 아기에게 꼭 필요한 영양을 선물합니다.
나는 출산이 고통의 과정이 아닌 아름다운 순간임을 알고 있습니다.
내 몸은 건강한 출산을 위해 잘 준비되었습니다.
나는 여유 있는 출산에 대한 마음의 준비가 되었습니다.
나와 아기는 행복한 만남을 약속합니다.

 바른 지혜

연못에 핀 연꽃은 진흙 속에 살면서
진흙의 더러움에 물들지 않는다네.

- 증일아함경 -

 바른 생각

과거에 집착하고 미래를 걱정하는 것은
마치 우박이 초목을 때리는 듯
어리석음의 불로 스스로를 태우는 것과 같다네.

- 잡아함경 -

 바른 말

겸손하고 순리에 맞는 말로써
다른 사람을 존경하고 받들며
맺힌 것을 풀고 악한 마음을 참으면
괴롭고 원망하는 마음 저절로 없어진다네.

- 법구비유경 -

 바른 행동

남의 생활을 침해하지 말고
남의 감정을 상하게 하지 말며
남의 생각을 지나치게 간섭하지 말지니
이것이 남의 마음을 상하지 않게 하는 방법이라네.

- 법구경 -

팔정도 진리의 말씀

바른 일상

먼저 스스로 제 몸부터 바로잡고
그런 다음에 다른 사람을 바로잡을지니
만일 스스로 제 몸을 바로잡아서
해를 끼치지 않으면 참 지혜라 한다네.

- 법집요송경 -

바른 노력

지혜로운 사람은 슬기의 눈으로써
나쁜 욕설과 큰 비방을 참나니
마치 큰 돌에 비가 내릴 때
돌은 부서지거나 깨지지 않는 것과 같다네.

- 잡보장경 -

마음챙김

본질을 본질로
본질 아닌 것을 본질 아닌 것으로 알면
그들은 본질에 이른다네.
바른 생각의 영역에 머무르기에.

- 법구경 -

고요

마음이 욕망에 물들지 않고
증오에 영향받지 않으며
선과 악을 떠난 사람
그런 깨어 있는 사람에게 두려움은 없다네.

- 법구경 -

내가 나에게,
엄마가 아기에게, 하고 싶은 이야기

생활명상 미션

37주

<휴식休 명상>
일할 땐 열심히 일하고 쉴 땐 확실히 쉬어 주세요.
꼭 뭘 해야 한다는 생각에서 벗어나
마음과 몸을 편안하게 해 주는 거예요.
아기의 마음도 편안하게…
숨을 들이마시며 마음엔 평화 가득, 숨을 내쉬며 얼굴엔 미소 가득.

바른 지혜

원한은 원한으로 갚을 일이 아님을 알 때
원한은 그치게 되고
원한은 인욕으로만 사라지게 되나니
이는 여래의 영원한 진리라네.

- 법구경 -

 바른 생각

사람은 번뇌 때문에 죄를 짓고
죄 때문에 고통을 받나니
번뇌와 죄, 고통은 삼륜차의
세 바퀴와 같이 끝없이 구르게 되니
이것을 가리켜서 윤회라고 한다네.

- 아함경 -

 바른 말

무릇 사람의 삶은
입에 도끼를 물고 있는 것과 같아서
자기 몸을 망치는 것은
그 악한 말 때문이라네.

- 법구비유경 -

 바른 행동

참는 것이야말로 힘의 원천이니
참는 사람은 악한 생각을 갖지 않나니
그러므로 몸과 마음이 편안해진다네.

- 사십이장경 -

팔정도 진리의 말씀

 바른 일상

자비를 베풀 때는 평등한 마음으로
미워함과 사랑함,
친함과 친하지 않음을 따지지 않아야 한다네.

- 수행도지경 -

 바른 노력

게으름은 온갖 악의 근본이고
부지런함은 온갖 선의 근원이라네.

- 열반경 -

 마음챙김

본질 아닌 것을 본질로 생각하고
본질을 본질 아닌 것으로 보는 사람들은
본질에 이르지 못한다네.
잘못된 생각의 영역에 머무르기에.

- 법구경 -

 고요

마음이 안정되지 못하고
참된 가르침을 알지 못하며
평온이 흔들린다면
지혜는 완성되지 못한다네.

- 법구경 -

내가 나에게,
엄마가 아기에게, 하고 싶은 이야기

생활명상 미션

38주

당신은 아기에게 어떤 엄마가 되고 싶나요?
혹시 닮고 싶은 어머니의 모습이 있나요?
닮고 싶은 점이 있다면 한 가지라도 따라해 보세요.
당신은 훨씬 더 멋진 엄마가 될 수 있을 거예요.

바른 지혜

모든 사물에 대하여 편견이 있는 사람은
곧잘 남의 입에 올라 비난을 받게 되나니
그러나 편견이 없는 사람은 비난할 수가 없다네.

- 숫타니파타 -

 바른 생각

세상에는 세 가지 헛된 가르침이 있으니
사람의 운명은 타고나는 것이며
그것은 신의 뜻이며
모든 것에는 아무런 원인이 없다는 것이네.

- 장아함경 -

 바른 말

사람들은 서로 자기 의견이 옳고
남의 의견은 옳지 않다고 하네.
또 남이 진리라 하는 것을
자기는 아니라고 우겨댄다네.

- 법구경 -

 바른 행동

설사 그가 천한 사람이라 할지라도
사랑의 대상은 모두 평등하나니
사랑에는 차별이 없기 때문이라네.

- 본생경 -

팔정도 진리의 말씀

 바른 일상

모든 악을 짓지 말고
온갖 선을 행할지니
그리고 스스로 마음을 깨끗하게 하는 것이
곧 부처님의 가르침이라네.

- 증일아함경 -

 바른 노력

태만하지 말고
끊임없이 침묵의 가르침을 실행할지니
꿋꿋함을 갖고 언제나 마음을
한결같이 하는 사람에게는
근심이 존재하지 않는다네.

- 소부경전 -

 마음챙김

쾌락을 추구하면서 살고
감각기관을 다스리지 못하며
먹는 데 적당량을 모르고
게으르며 노력에 열성이 없는 사람은
바람이 연약한 나무를 쓰러뜨리듯이
악마가 그를 정복한다네.

- 법구경 -

 고요

마음은 매우 보기 어렵고 아주 미묘하고
좋아하는 곳에는 어디에든 내려앉으니
지혜로운 사람은 마음을 지켜야 할지니
지켜진 마음은 행복을 가져온다네.

- 법구경 -

내가 나에게,
엄마가 아기에게, 하고 싶은 이야기

_____
_____
_____
_____
_____
_____
_____
_____

생활명상 미션

39주

우리는 인생이라는 기차를 탄 여행자와 같습니다.
이 순간을 즐겨보세요!
무슨 일이든 '즐겨보자'라는 마음으로 시작해 보세요.
누구든 세상이라는 무대 위에 아마추어입니다.
앞으로 함께 할 뱃속 아기와의 행복 여행이 소중한 당신을 기다리고 있습니다.

바른 지혜

나보다 나은 사람을 보고 질투하지 말며
내가 남보다 낫다고 교만하지 말아야 한다네.

- 우바새계경 -

바른 생각

희망을 가져라!
희망의 결과는 행복일지니
저 새들까지도 언제나 바라면서
그 희망에 충만해 있으니
비록 그것은 멀고 오래더라도
끝내 희망은 이루어진다네.

- 본생경 -

바른 말

남과 멀어지게 되었을 때는 곧 화합할지니
남의 장점은 추켜 주고 단점은 감추라 하네.
남의 부끄러운 곳을 건드리지 말고
비밀을 지켜야 한다네.

- 우바새계경 -

바른 행동

선과 악의 결과는 오직 자신만이 받게 될 뿐
부모나 형제가 대신할 수는 없나니
그러므로 항상 덕스럽고 깨끗한 행동을 한다면
결과에 대해 두려워할 것은 없다네.

- 출요경 -

팔정도 진리의 말씀

바른 일상

건강할 때 빨리 복덕을 지어야 하니
병이 들면 복덕을 닦으려 해도
몸과 힘이 허락하지 않는다네.

- 대장엄론경 -

바른 노력

음식에 만족할 줄 알고
일을 하되 게으르지 말며
미리 모으고 쌓아
그것으로 궁핍할 때를 준비해야 한다네.

- 장아함경 -

마음챙김

이 세상에서 원한은
원한에 의해서는 결코 풀리지 않고
원한을 버림으로써 풀릴지니
이것은 영원한 진리라네.

- 법구경 -

고요

마음은 다스리기 어렵고 재빠르고
좋아하는 곳에는 어디에든 내려앉으니
이런 마음을 길들이는 것은 좋은 일 일지니
길들여진 마음은 행복을 가져온다네.

- 법구경 -

내가 나에게,
엄마가 아기에게, 하고 싶은 이야기

_____
_____
_____
_____
_____
_____
_____
_____
_____
_____

생활명상 미션

40주
———

두근두근 아기를
만날 날을 기다립니다.
설렘 반, 두려움 반.
그동안 참 잘해왔습니다.
힘들었지만 용기를 낸 만큼
기쁨과 추억이 가득한 여행길이 되지 않았나요?
숨을 깊게 들이마시고, 길게 내쉬면서
소중한 생명을 맞이할 기쁘고 행복한 순간을 상상해 보세요.

마음이와 함께 떠나는 태교명상 여행 269

✿ 바른 지혜

세상살이에 고난이 없길 바라지 말지니
세상살이에 고난이 없으면
업신여기는 마음과 사치한 마음이 생기나니
그래서 부처님께서는 말씀하셨다네.
"근심과 고난으로써 세상을 살아가라."

- 보왕삼매론 -

✿ 바른 생각

원한을 원한으로 갚지 말지니
그리하면 마침내 원한은 그친다네.
참으면 원한은 그치게 되니
이것이 부처님의 법이라네.

- 출요경 -

✿ 바른 말

거짓말을 하지 않고
도리에 맞는 진실한 말만 하며
함부로 말을 하여 사람들을
성내게 하지 않는 사람을 성자라 하네.

- 법구경 -

✿ 바른 행동

부끄러움의 옷은 모든 장식 가운데 가장 으뜸이니
자신을 돌아보고 부끄러워하는 것은
바르지 못한 행동을 반성하고 겸손하며
자신을 다스릴 줄 아는 것이라네.

- 유교경 -

팔정도 진리의 말씀

🌼 바른 일상

미래에 해야 할 일을 준비할지니
미리 준비하는 사람은
할 일을 해야 할 때 당황하지 않는다네.

- 본생경 -

🌼 바른 노력

아름다운 빛과
은은한 향기를 내뿜는 꽃이 있듯이
실천이 따르는 사람의 말은
그 메아리가 조용히
그리고 멀리 울려 퍼지게 된다네.

- 법구경 -

🌼 마음챙김

무릇 배움에는 두 가지가 있으니
항상 새로운 것을 많이 듣고
안으로 뜻을 자세히 살피고 이해할지니
그러면 통하지 않음이 없다네.

- 법구비유경 -

🌼 고요

열심히 노력하고 주의 깊고
행동이 깨끗하고 사려 깊으며
절제하고 바르게 살고 깨어 있는 사람에게
명예는 꾸준히 늘어난다네.

- 법구경 -

**내가 나에게,
엄마가 아기에게, 하고 싶은 이야기**

아빠가 아가에게,
들려주고픈 이야기

곧 만나자.
소중한 아기에게 꼭 전하고 싶은 메시지를 담아보세요.

붓다의 탄생 선언

하늘 위, 하늘 아래 오직 나만이 존귀하다.

세상이 모두 괴로움이니

내가 장차 편안하게 하리라.

- 수행본기경(修行本起經) -

하늘 위, 하늘 아래 우리 모두가 고귀한 존재입니다.

'내가 이 귀한 몸을 얻었으니,

고통받는 세상에 행복의 씨앗이 되어

세상의 이익과 행복을 위한 안내자가 되리라.'

연꽃으로 피어난 마음이를 위한 기도 탄생 후 기도

부처님.
마음이가 이 세상에 태어났습니다.
부처님께서 돌봐주신 은혜로
마음이가 건강하게 세상에 인사했습니다.
고맙습니다.
아직 모든 것이 서툰 초보 엄마(아빠)이지만
마음이를 위해 배우고 노력하겠습니다.
그동안 받기만 했던 사랑을
마음이에게 베풀고 보호해 주는 엄마(아빠)가 되겠습니다.
어떠한 어려움이 와도
우리가 소중한 인연임을 기억하겠습니다.
이 시간을 서로 배우고 다듬어 가는
기쁘고 행복한 순간으로 받아들이겠습니다.

우리 마음이가 날마다 맑고, 밝은 마음으로
어디에서든 웃음을 선물하고
어디를 가든 꼭 필요한 귀한 존재 되게 하소서.
우리 마음이가 삶을 살아가다 장애물을 만나도
두려워하거나 용기를 잃지 않게 하소서.
늘 겸손하고 온화한 말을 하며
바른 생각을 하는 존재 되게 이끌어 주소서.
부처님께서 이 세상 모든 사람들이 고통에서 벗어나
행복을 찾을 수 있는 길을 선물하셨듯,
마음이가 만나는 소중한 인연 모두에게
행복을 선물하는 존재 되도록 이끌어 주소서.
감사합니다.
사랑합니다.
당신은 부처님이십니다.

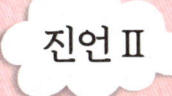

진언 II

**참된 말,
귀한 인연과 함께하다.**

이 참된 말을 간절하게 외우면

모든 존재들이 서로 존중하고 사랑하며 살아갈 수 있다고 합니다.

나의 소중한 가족과 만나는 인연마다

간절한 마음을 담아 기도해 보세요.

관세음보살 합장수진언

옴 바나만 아링하리

 **행복 선언문**

엄마와 아빠의 약속

엄마 아빠는 마음이가 몸과 마음이 건강하게 자랄 수 있도록
지혜로운 부모가 되도록 노력할게.

엄마 아빠는 이 세상에서 가장 지혜롭고 따뜻한 친구가 되어 줄게.

마음이와 함께하는 시간 중에 어려움을 맞이해도
엄마 아빠는 서로 아껴주는 사이가 될거야.

엄마 아빠 서명

_____

작가소개

글 덕원스님

당신의 고귀한 잉태를 축하드립니다.
세상에 고귀한 생명을 품은 임산부들에게 두 손 모아 축하드리고 싶습니다.
한 생명을 품고, 탄생하기까지의 과정은 정말 아름다운 일입니다.
그 과정을 경험한다는 것은 멋진 여행의 여정이라고 생각합니다.
여행 속에서 처음 경험하는 세상은 설레기도 하지만 때론 두렵습니다.
괜찮아요. 누구나 처음은 아마추어입니다.
아마추어를 경험해야 프로가 될 수 있는 거죠.
아마추어인 당신을 위해 제가 행복한 태교 여행길을 안내해 드리겠습니다.
여행을 위해서는 지도를 볼 줄 알아야 내가 원하는 바른길을 찾아갈 수 있습니다.
프랑스 여행을 하고 싶은데 아프리카를 향하는 지도를 가지고 있다면 어떨까요?
이 태교 명상집에서 안내하는 행복지도는 여덟 가지 바른길입니다.
행복지도의 안내에 따라 태교를 위한 기도 명상, 진리의 말씀 명상, 생활 명상이
여러분의 편안하고, 행복한 태교 여행을 도와줄 것입니다.
태교 명상은 내 안의 소중한 생명과의 따뜻한 교감입니다.
가장 아름다운 교감으로 세상을 환하게 빛낼 수 있는 귀한 존재가 이 세상에
인사할 수 있기를 두 손 모아 발원합니다.
마지막으로 이 태교명상집이 완성될 수 있도록 도움을 주신 소중한 인연들 모두에게
감사의 인사를 올립니다.
당신은 부처님입니다.

덕원스님은 2006년 출가, 청도 운문사승가대학과 중앙승가대학을 졸업했다.
중앙승가대학교 석사학위 논문 <팔정도를 활용한 태교명상법 연구>를 바탕으로
본 태교명상집을 제작했다.

작가소개

그림 박혜상

'태교'라는 화두를 오랜만에 들어봅니다.
오래 전 아이를 낳았고 그 아이들은 어느새 훌쩍 자라
이제 제법 어른 흉내를 냅니다.
아이들을 뱃속에 품었을 때만도 솔직히 너무나 낯설고 힘겨운 시간이 있었습니다.
불안한 마음에 오롯이 아이를 위한 태교에 집중하지도 못했습니다.
그래서인지 금쪽같은 내 아들과 딸에게 늘 미안한 마음도 남아 있습니다.
지금도 수많은 예비 엄마들이 그 옛날 저와 같이 낯설고 힘겨운 마음이지 않을까 합니다.
어디서부터 어떻게 하는 것이 내 아기에게 맞는 좋은 일이 될까 걱정하는 마음.
옛날 어르신들이 늘상 하시던 말은 '그저 마음 편히 가지라'는 것입니다.
힘들었던 순간에는 그런 말씀이 하나마나 한 그저 그런 말이라고만 여겼습니다.
하지만 돌이켜 보면 마음 편히 사는 것만큼 어려운 일은 없는 것 같습니다.
너무나 귀한 새 생명을 뱃속에 잉태한 모든 엄마들에겐 그야말로 '명약'입니다.
엄마가 마음을 편안히 갖고 고요하고 평화롭게 유지하는 것이 최상의 태교라 생각합니다.
엄마 마음이 평화롭게 안정돼 있다면, 아이는 그 마음을 고스란히 받으며 자라납니다.
이 책은 엄마 마음에 평화로운 기운을 전하기 위한 작은 손길입니다.
새 식구를 맞이하는 엄마들에게 조금이나마 도움이 되고 싶은 또 다른 엄마의 마음으로
한 컷 한 컷 그렸습니다. 활기차고 발랄하게 밝고 곱게 희망의 에너지를 불어넣었습니다.
그림 속 구름과 꽃과 나무, 코끼리와 아기새, 물고기, 바다와 산과 들….
모든 내용에 함께하는 '마음이'라 이름 붙인 아이가 있습니다.
마음이는 새로 맞이하는 아이일 수도 아이를 기다리는 엄마아빠일 수도 있을 겁니다.
이 모든 생명들 속에서 내 소중한 아기가 건강하게 뛰어노는 그 날을 생각합니다.
엄마가 즐겁고 행복하면 아기도 분명 즐겁고 행복하답니다.
끝으로 저에게 '엄마'라는 그 따뜻한 이름을 선물해준
제 아이들에게 고마움과 사랑을 전합니다.

박혜상 작가는 홍익대학교 미술대학 조소과를 나와 동국대 문화예술대학원에서 불교
미술을 전공했다. 마음수행 컬러링북 <금강경 선물> <오직 즐거움 뿐>을 만들었다.

엄마랑 아이 좋아

마음이와 함께 떠나는 40주 태교명상 여행

초판 1쇄 인쇄날	2021년 06월 30일
초판 1쇄 발행날	2021년 07월 07일

글	덕원스님
그림	박혜상
발행인	현법스님
편집인	오심스님
발행처	대한불교조계종 불교신문사
책임편집	하정은
디자인	아르디움 · 정경욱
제작	아르디움

등록 제300-207-133호 2007년 9월 7일
주소 서울시 종로구 우정국로 67 전법회관 5층
전화 02-733-1604   팩스 02-3210-0179   전자우편 ibulgyo@ibulgyo.com

ISBN 979-11-89147-17-4

값 30,000원

이 책에 실린 내용은 무단으로 복제하거나 전재할 수 없습니다.
잘못된 책은 구입하신 곳에서 교환해 드립니다.